# POR ART

## Hasta un intelectual lo puede amar

© Adolfo Pérez Agustí (2015)

edicionesmasters@gmail.com

Las fotografías insertadas en este libro corresponden a sus respectivos autores, y se han incorporado solamente para rendirles un homenaje y como apoyo imprescindible al texto.

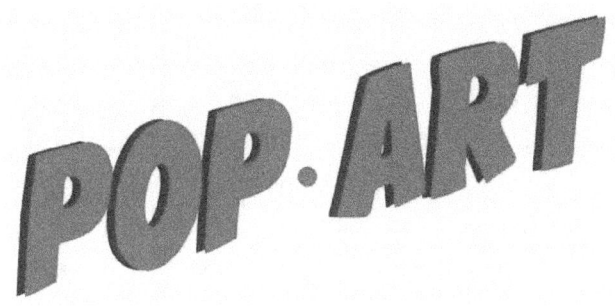

## Hasta un intelectual lo puede amar

*"Pop Art es todo lo que el arte no ha sido durante los últimos años. Se trata básicamente de un cambio de sentido donde lo nuevo se une a lo establecido, donde lo clásico se pone al lado de lo innovador, donde el ciudadano no versado en arte se encuentra a gusto. Es una forma de comunicación visual que representa la vida cotidiana, los objetos hogareños y la fantasía de los sueños. Es, al mismo tiempo, un arte mundial, optimista, generoso e ingenuo".*

**El arte no tiene porqué imitar la realidad;**
**solamente aquello que el artista quiso reflejar**
*(Adolfo Pérez)*

Sobre el autor:

ADOLFO PÉREZ AGUSTÍ, nacido el 13 de marzo de 1945 en Madrid, comenzó sus estudios de dibujo y pintura en la Escuela de Arte de Oviedo (Asturias), mezclando el carboncillo y el lápiz con el óleo, con el difumino y hasta con un trozo de tela como borrador; teniendo como modelos a sus propios compañeros, amigas y familiares.

En la Escuela Politécnica aprendió las bases de la perspectiva y la delineación, lo que le sirvió para trabajar como dibujante publicitario, su mejor escuela de arte. Allí pudo desarrollar lo que era más exigible para su trabajo: la creatividad, la innovación y la búsqueda del impacto visual. Ya no bastaba con el trabajo artístico bien desarrollado, pues lo más importante era que la obra no pasara desapercibida.

Su estilo se definió rápidamente hacia los colores intensos, las sombras planas remarcando contornos, las curvas enlazándose una con la otra y siempre buscando un nexo de unión en todo el cuadro. Nada estaba allí por casualidad y aunque había un foco de atención claro y definido, la vista debía ser conducida de un sitio a otro del cuadro, tal y como le habían enseñado en las agencias de publicidad.

El dibujo de la mujer fue siempre su preferido, pues allí había opciones para la sensibilidad, la dulzura, la estética y hasta para transmitir un mensaje emocional. Nunca había huecos para la tristeza, ni para el horror; solamente para la belleza.

Técnicamente siempre ha empleado la témpera –el gouache-como material de expresión, ya que es limpio, admite capa sobre capa y es capaz de agarrarse a cualquier lienzo o soporte; siendo la cartulina rígida su mejor opción, especialmente en los grandes tamaños.

Y como referencia visual empleó siempre la fotografía, su bodegón perpetuo, con una imagen siempre fiel, no cambiante y no sujeta a más emociones que aquella que el artista ve y quiere plasmar.

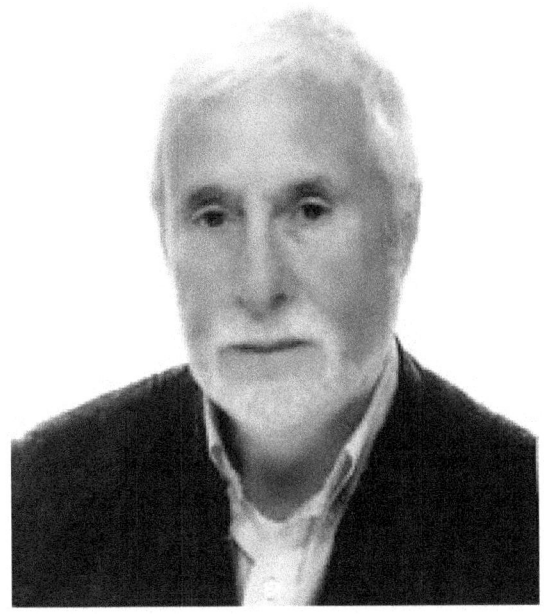

# Introducción

## Orígenes e influencias

El Pop Art, como todos los estilos de arte modernos importantes, fue en parte una reacción contra el statu quo. En 1950, en los Estados Unidos, el iniciador principal fue el *expresionismo abstracto*, acuñado inicialmente en Europa para describir obras de los pintores expresionistas alemanes y algo más tarde, en 1946, para aplicarse al estilo americano. El término hacía referencia a un estilo no figurativo admirado por la crítica, y con representación en los museos, pero ignorado por el público en general. Aún así, con el tiempo se convirtió en la mejor oportunidad para un nuevo estilo que mezclaba lo figurativo con lo imaginativo, unido a los objetos cotidianos, lo que permitió que los espectadores pudieran relacionarse con lo que veían.

Pronto, el arte pop se convirtió en un estilo de arte establecido, a su vez reemplazado por otras escuelas después de 1970, lo que anteriormente había ocurrido con el dadaísmo y su sucesor el surrealismo, el cual había desplazado al cubismo. Lo que subyacía detrás de todos estos estilos era la incorporación de cualquier artista no clásico. Todos han sido definidos como no-arte, pero como quienes así lo afirman son los entusiastas del arte académico, no nos vale la definición.

Quizá deberíamos decir que el Pop Art fue impulsado por los consumidores del mercado habitual, por el público que buscaba dónde gastarse el dinero recién cobrado. Y para llegar a ellos se necesita hablar su mismo idioma: colores, cierto infantilismo, guapas mujeres, sensualidad y –siempre presente- mucha imaginación. El impacto visual, como si fuera un anuncio de visión rápida, era lo esencial.

Como arte definido y con nombre propio, el Pop Art (arte popular) nació en Gran Bretaña a mediados de 1950 y fue la idea infantil de varios artistas subversivos jóvenes, tal y como ocurre con la mayoría del arte moderno.

La primera aplicación del término Pop Art se produjo durante las discusiones entre los artistas que se llamaban a sí mismos "Grupo Independiente" (IG), que formaban parte del Instituto de Arte Contemporáneo de Londres, posiblemente alrededor de 1952 a 1953.

Ellos apreciaban la cultura popular, o lo que también llamamos "cultura material", y no criticaban las consecuencias del materialismo y el consumismo; simplemente reconocían su presencia omnipresente como un hecho natural.

La adquisición de bienes de consumo, en respuesta a los anuncios inteligentes, y la construcción de formas más eficaces de comunicación de masas (películas, televisión, periódicos y revistas), impregnó de deseo y energía a estos jóvenes nacidos durante la generación de la posguerra mundial que había comenzado en 1945. Ellos quisieron rebelarse ante el arte abstracto, cubista e incluso el surrealista, pues querían expresar su optimismo después de tanta miseria y privaciones mediante un lenguaje visual juvenil, alegre, colorido y fácil de entender. El Pop Art impactó pronto en una generación ávida de comprar bienes de consumo. No era un movimiento reivindicativo, ni mucho menos de protesta o político. Podríamos decir que querían alegrar al mundo, no deprimirle con los problemas cotidianos.

Aunque el Pop Art está más asociado con el trabajo de artistas de Nueva York de la década de 1960, como Andy Warhol, Roy Lichtenstein, James Rosenquist y Claes Oldenburg, los artistas que dibujaron en el imaginario popular eran británicos, aunque luego todo formó parte de un fenómeno internacional en varias ciudades desde mediados de 1950 en adelante.

A raíz de la popularidad de los expresionistas abstractos, la reintroducción del Pop en la imaginería identificable (extraída de los medios de comunicación y la cultura popular), fue un gran cambio en la dirección de lo que significaba modernidad. Por ello, el estilo se convirtió en muchos de los temas de conversación para los entusiastas del "arte noble", y también de quienes hablaban de moral, de la mitología y hasta de quienes buscaban referencias en la historia clásica. Obviamente, era imposible encontrar un paralelismo, pues algo nuevo había nacido. Así que los artistas pop celebraron este aturdimiento, y buscaron representar casi siempre objetos comunes y a las personas de la vida cotidiana; de esta manera trataban de elevar la cultura popular al nivel de las bellas artes. Luego llegó su aplicación al dibujo publicitario –el mejor impulsor de este arte– y su incorporación a las imágenes comerciales: en ese momento, el arte pop se había convertido ya en uno de los estilos más reconocibles del arte moderno. Ya no había que "interpretar" la obra, ni su significado. Todo estaba bien claro.

Mediante la creación de pinturas o esculturas de objetos y personajes de la cultura de masas y los famosos de los medios de difusión, el movimiento del arte pop fue dirigido a desdibujar los límites entre el arte "alto" y la cultura "baja". El concepto de que no hay una jerarquía de la cultura y que el arte puede tomar prestado de cualquier fuente, ha sido una de las características más influyentes del Pop Art. Los museos, desde entonces, ya no representaban el arte supremo, sino solamente una forma de arte.

Se podría argumentar que los expresionistas abstractos buscaron un traumatismo en el alma de quienes lo miraban –o pintaban-, mientras que los artistas Pop buscaban rastros del mismo trauma en el mundo mediado de la publicidad, los dibujos animados y la imaginería popular en general. La realidad se mostraba de otra forma.

Pero tal vez sea más preciso decir que los artistas pop fueron los primeros en reconocer que no hay una forma definida para llegar a algo, ya sea el alma, el mundo natural, o el medio ambiente construido. Los artistas pop creen que todo está interconectado, y por lo tanto tratan de hacer esas conexiones literales en las obras. Y eso muchos años antes de que la metafísica y la física cuántica se pusieran de moda.

Aunque el arte pop abarca una amplia variedad de trabajos con diferentes actitudes y posturas, gran parte de ello no posee una connotación emocional. En contraste con la pintura con mensaje implícito, y del expresionismo abstracto que le precedió, con sus referencias a los impulsos psíquicos y el inconsciente, el Pop Art es generalmente y deliberadamente, ambivalente. O sea, cualquiera lo puede admitir sin un esfuerzo de interpretación emocional. Si esto es considerado como una muestra del mundo popular o algo que busca la sorpresa, deberíamos reconsiderar esta conclusión, pues no es acertada.

Los artistas del arte pop querían desafiar la tradición asumiendo que el uso por un artista de los elementos visuales empleados en los medios de difusión, podían ser considerados como arte. El arte pop quita los materiales de su contexto y aísla el objeto o los combina con otros objetos para su contemplación.

Los artistas pop, aparentemente llegaron a la publicidad y a los medios de comunicación con posterioridad a la Segunda Guerra Mundial, y no tuvieron ningún problema para anclarse como un valor sólido. Algunos críticos han citado la elección de las imágenes del arte pop, como una aprobación entusiasta del mercado capitalista y la mercancía que circula, mientras que otros han notado un elemento de crítica cultural en la elevación de lo cotidiano a gran arte. No creo que los artistas pop tuvieran ningún interés en especial en nada de esto, salvo el saludable deseo de pintar, ganar algo de dinero y que alguien mire su obra. Para encauzar el alma ya están los filósofos. Así que lo de convertir su arte en una mercancía, siempre les ha parecido muy saludable.

La mayoría de los artistas pop comenzaron su carrera en el arte comercial: Andy Warhol fue un ilustrador de revistas de gran éxito y diseñador gráfico; Ed Ruscha fue también un diseñador gráfico, y James Rosenquist comenzó su carrera como pintor de carteleras. Sus experiencias -hay que insistir y reconocerlo- se fraguaron en el mundo del arte comercial, dentro del vocabulario visual de la cultura de masas, así como en las técnicas para combinar a la perfección los reinos del gran arte y de la cultura popular.

# CAPÍTULO 1

## Significado y características

La idea básica detrás del Pop Art era crear una forma de arte con significado instantáneo, en marcado contraste con el súper-intelectualismo del expresionismo abstracto con sus lienzos esotéricos tan amados por profesionales de las artes. Para lograr su objetivo de significado inmediato, los artistas pop experimentaron con nuevos procesos comerciales, como la pintura acrílica, el collage sobre lienzo utilizando materiales normalmente no asociados con la pintura, y la serigrafía. Además, los esquemas de imágenes y colores para la pintura Pop Art y la escultura estaban inspirados en elementos habituales, como: bienes de consumo, publicidad gráfica, revistas, televisión, películas, dibujos animados y cómics. Las personas y los objetos se presentan en colores brillantes y con frecuencia altamente contrastados, mientras que las composiciones eran por lo general muy simples y visualmente atractivas para el público en general.

**El arte se puede hacer de y con cualquier cosa**

Hasta el siglo XX, la tradicional pintura de las bellas artes se hacía normalmente con aceites, mientras que la escultura era en bronce, piedra o madera. Por otra parte, los sujetos representados eran por lo general aquellos que se consideraban dignos de tratamiento estético: el rostro humano, las personas desnudas, el paisaje clásico, o la naturaleza muerta. Incluso el cubismo, a pesar de su carácter revolucionario, tendía a observar muchas de estas convenciones artísticas. Luego vino la primera guerra mundial y el movimiento anti-arte conocido como Dadá. Este movimiento inició la idea de que el arte puede ser creado a partir de todo tipo de cosas, incluyendo los restos de aquellas cosas que se usan todos los días. Los artistas Pop mantuvieron y desarrollaron esta idea y presentaron al mundo moderno una cultura popular con cualquier material que, aunque adecuado, no importaba si era trascendente o trivial.

**Un estilo más inclusivo y relevante**

Los grandes pintores expresionistas abstractos eran en gran parte desconocidos por los americanos y británicos. Por el contrario, casi todo el mundo reconocía a Elvis Presley, Marilyn Monroe, y otros famosos, así como los alimentos populares y otras marcas de productos de marca que se convirtieron rápidamente en el tema central del Pop Art. Así, desde una etapa muy temprana, los artistas declararon su intención de rechazar el carácter elitista del arte tradicional a favor de las imágenes más populares.

Para la mayoría de la gente en los finales de 1950 y comienzos de 1960, un viaje a un museo de arte implicaba una tarde tediosa mirando filas de cuadros oscuros, la mayoría de los cuales no eran ni comprensibles ni entretenidos. Por lo general, las obras más famosas (y los artistas que los crearon) no pueden ser apreciados con sólo verlos, sino que requieren un estudio detallado o un guía de museo. Pero el Pop Art fue el instrumento que conseguía la apertura del mundo de la pintura y la escultura a las personas comunes y corrientes que, tal vez por primera vez en su vida, al instante podían reconocer y apreciar la exposición que tenían frente a ellos. Puede ser que no les gustase, pero al menos no se sentían intimidados al tratarse de una imagen cotidiana con la cual podrían relacionarse. En este sentido, el Pop Art hizo que los museos y las galerías más relevantes fueran también para el público en general.

A diferencia del estilo Dadá, cuyo objetivo fue totalmente negativo para subvertir y socavar los valores de la burguesía a la que culparon de la carnicería de la Primera Guerra Mundial, el Pop Art buscó reflejar los valores sociales y el medio ambiente de donde surgieron. Así, se centraron en las preocupaciones compartidas por la mayoría de los consumidores: alimentos, automóviles y romance. Normalmente, esto lo lograron mediante el uso sutil de la sátira, con imágenes con un fuerte impacto visual. Y si fueron criticados, es porque reflejaron a un mundo totalmente preocupado por la búsqueda del materialismo.

**Los críticos frente al público**

El Pop Art a menudo ha sido despreciado por la crítica clasista. Por ejemplo, Harold Rosenberg, uno de los más influyentes críticos de arte en el campo del arte contemporáneo, lo describió como "Es una broma sin humor, un arte publicitario que odia la publicidad". Pero incluso en la década de 1960, sólo había que ver la televisión, con su aluvión incesante de anuncios, o conducir por las calles cubiertas de vallas publicitarias, o leer revistas de moda llenas de instantáneas repetitivas de música y estrellas de cine, para apreciar lo que la gente quería. ¿Por qué el arte debía ser diferente?

Lo que ya está claro, es que el Pop Art fue (y sigue siendo) uno de los estilos más populares de arte, que ha logrado llegar hasta el público en general de una manera que pocos movimientos artísticos modernos lo hicieron –ni lo han hecho desde entonces- Y los coleccionistas de arte también se sumaron a este interés. Por ejemplo, la pintura "False Start" (1959) de Jasper Johns se vendió en 2006, por 80 millones de dólares: la novena obra de arte más cara de la historia.

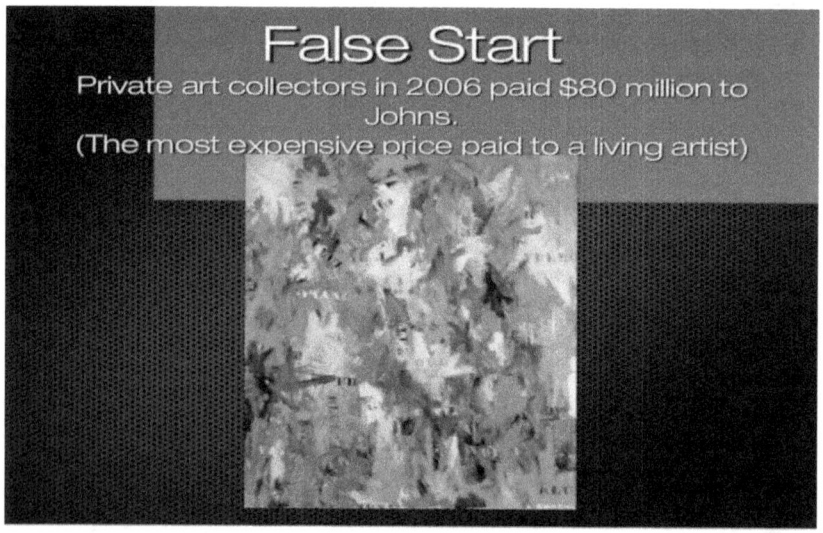

Otro ejemplo es la obra "Green Car Crash" (1963) (un polímero sintético, tinta de serigrafía y acrílico sobre lienzo) de Andy Warhol, que fue vendida en la sala Christie de Nueva York, en 2007, por 71,7 millones de dólares, la decimocuarta obra más cara de arte jamás vendida. Durante la recesión de 2009, un comprador desconocido, según informes, compró la serigrafía de Andy Warhol "Elvis" (1964) por la friolera de 100 millones de dólares en una venta privada, por lo que es la quinta obra de arte más cara jamás vendida.

**Características del Pop Art**

Las características de las obras del Pop Art fueron: líneas claras, pintura nítida y representaciones de símbolos, personas y objetos que se encuentran en la cultura popular. En realidad, el Pop Art sustituye los elementos satíricos, destructivos y anarquistas del movimiento Dadá (demasiado ligado a la política y a la guerra) y mantiene alto respecto por la cultura de masas y el consumismo.

El Pop Art se caracteriza por técnicas y temas extraídos de la cultura popular de masas como los cómics, la publicidad y los objetos culturales mundanos. Este movimiento es ampliamente interpretado como una reacción a las ideas del expresionismo abstracto. El Pop Art emplea imágenes populares en contraste con la cultura elitista del arte, acentuando los elementos banales de cualquier cultura, por lo general a través del uso de la ironía.

Los colores utilizados por los artistas son predominantes amarillos, rojos y azules y muy vivos, en comparación con otros movimientos que no pretenden impactar. Ellos en realidad se refieren a la cultura popular, la cultura que inspiró el artista Andy Warhol cuando experimentó con la serigrafía, una técnica muy popular usada para la producción en masa. Con esta técnica se podía reproducir cualquier documento o imagen en todo tipo de materiales. La tinta se transfiere a través de una malla tensada en un marco y se bloquea en las áreas donde no habrá imagen mediante una emulsión o barniz, quedando libre la zona donde pasará la tinta. El sistema de impresión es repetitivo, y una vez que se ha logrado reproducir satisfactoriamente el primer modelo, la impresión puede ser repetida cientos y hasta miles de veces sin perder resolución.

Los artistas Pop les gustan satirizar objetos y a veces los agrandan en grandes proporciones. Para su inspiración empleaban objetos comunes, también domésticos como sillas y aseos, empleando los materiales que no se utilizan generalmente. Como ejemplo, tenemos los objetos de Claes Oldenburg.

Así que, en resumen, estas podrían ser las características del Pop Art:

1. Imágenes reconocibles, extraídas de los medios de comunicación populares y los productos de uso cotidiano.
2. Por lo general, colores muy brillantes.
3. Sombras planas y figuras silueteadas, influenciadas por los cómics y las fotografías de los periódicos.

4.  Imágenes de las celebridades o personajes de ficción en los cómics, anuncios y revistas de fans.
5.  En la escultura, un uso innovador de los medios de comunicación.
6.  Deformación atractiva y estética de las figuras y elementos.
7.  Utilización como modelo de las fotografías "quemadas", en las cuales no hay degradados, solamente blancos y negros intensos.
8.  Uso frecuente del atractivo femenino para buscar el impacto entre los varones, marcando las tendencias de la moda en las mujeres.

No obstante, ningún movimiento artístico internacional que tenga una duración de más de 15 años y que abarque todos los tipos conocidos de arte, géneros y medios de comunicación, así como formas totalmente nuevas, se puede resumir en unas pocas frases. Aún así, es posible una comprensión del Pop Art si tenemos en cuenta los conceptos que ayudan a caracterizar su núcleo.

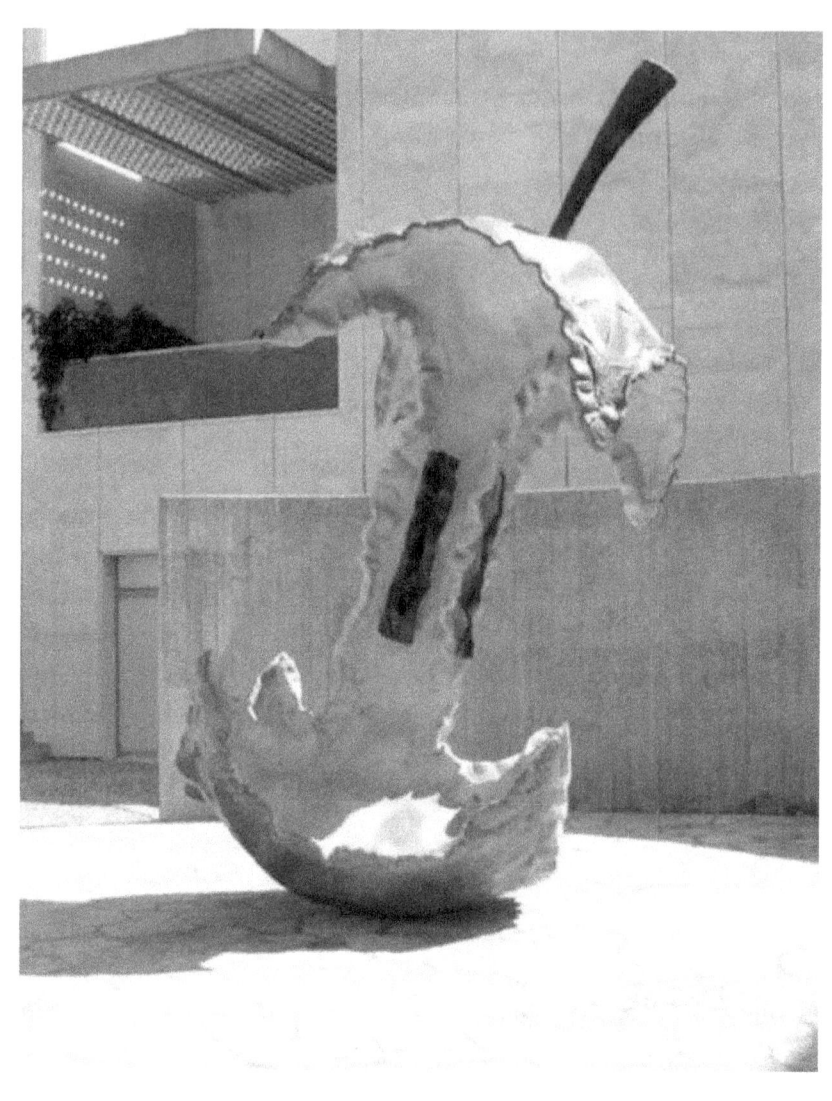

*Claes Oldenburg*

# CAPÍTULO 2

## Influencias

### Surrealismo

Desarrollado en 1924, comienza con un artículo del poeta André Bretón, aunque el término es acuñado por Guillaume Apollinaire.

Es una época en la cual influyen grandemente las conclusiones de Freud sobre los sueños y el inconsciente, los chistes y el histerismo femenino. Numerosos artistas sintieron la necesidad de reflejar en sus cuadros aquello que bullía en el inconsciente, y el surrealismo figurativo, con mensajes que debían ser interpretados por el público, les obligaba a pensar y transportar a mundos oníricos.

Destacan especialmente Max Ernst, René Magritte, Chagall y Dalí, quienes exploran las fantasías dentro de cierta coherencia figurativa, pues los objetos eran reconocibles.

El surrealismo abstracto, representado por Yves Tanguy, Joan Miró, Paul Klee y Hans Arp, dejaba un campo más abierto a la especulación interpretativa.

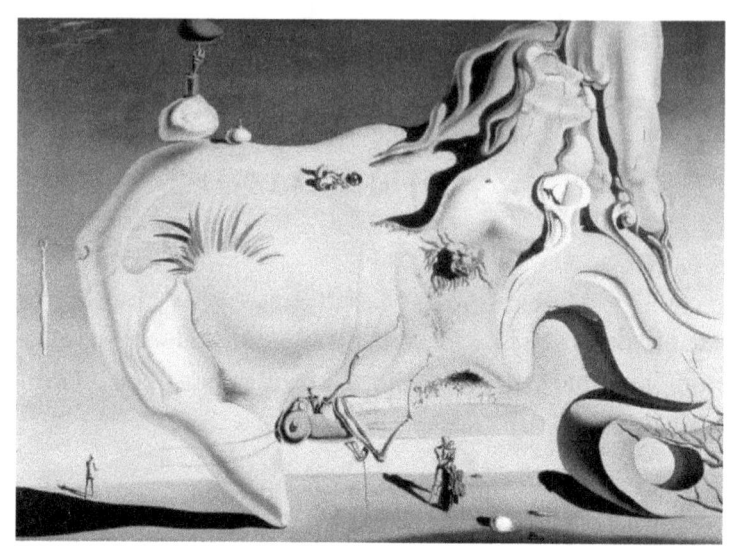

*Salvador Dalí*

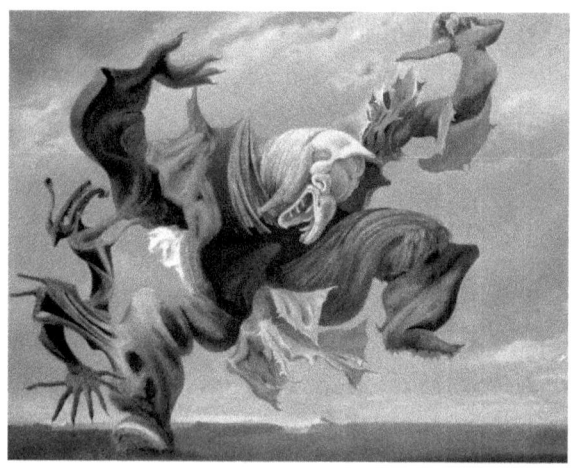

*Max Ernst 1937*

22

## Dadaísmo

Dadá fue un movimiento literario y artístico nacido en Europa en un momento en que el horror de la Primera Guerra Mundial estaba presente en todos los ciudadanos. Debido a la guerra, una serie de artistas, escritores e intelectuales -en particular de nacionalidad francesa y alemana-, se vieron obligados a congregarse en el refugio que Zúrich (en la neutral Suiza) les ofreció.

De 1916 hasta mediados de 1920, otros artistas en Zúrich, Nueva York, Colonia, Hannover y París, no sólo declararon un ataque extremo contra las definiciones convencionales de arte, sino que manifestaron una clara aversión.

Los ideales subversivos y revolucionarios del Dadaísmo surgieron de las actividades de ese grupo pequeño de artistas y poetas en Zúrich, que se unieron para buscar estrategias y filosofías con el fin de que todos los artistas tuvieran su espacio donde crear nuevos formularios de arte visual, y crear nuevas alternativas visuales del mundo. Los artistas afiliados con el Dadaísmo no compartieron un estilo común o práctica, aunque si un mismo deseo, que no era otro que bromear sobre el arte tradicional y descubrir un nuevo orden, desordenado.

Para los artistas del Dadaísmo, la estética de su trabajo fue considerada secundaria a las ideas que le llevaron a realizar la obra. "Para nosotros, el arte no es un fin en sí mismo," dijo el poeta Hugo Ball a propósito del Dadaísmo, "sino una oportunidad para la verdadera percepción y crítica del mundo en que vivimos". Los Dadaístas abrazaron la modernidad, e imbuyeron sus trabajos con referencias a las tecnologías, periódicos, películas y anuncios, que cada vez más definían la vida contemporánea.

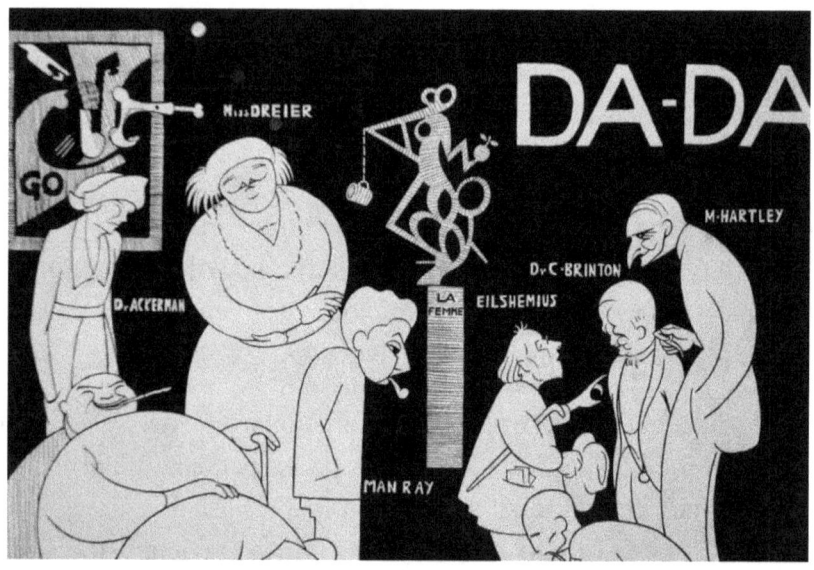

*Richard Boix 1921*

Realmente, el Dadaísmo fue el más radical y agresivo de los nuevos estilos de arte, atribuido en principio a Tristan Tzara quien, como buen anarquista, quería socavar las reglas morales, de la estética y hasta del puro léxico, lo que demostró escogiendo una palabra que ni siquiera existía.

Aparentemente buscaba el absurdo, pero ahora lo vemos como algo primitivo y simplemente provocador... para esa época.

Como tantos otros artistas, quería acabar con el reconocimiento académico del arte clásico.

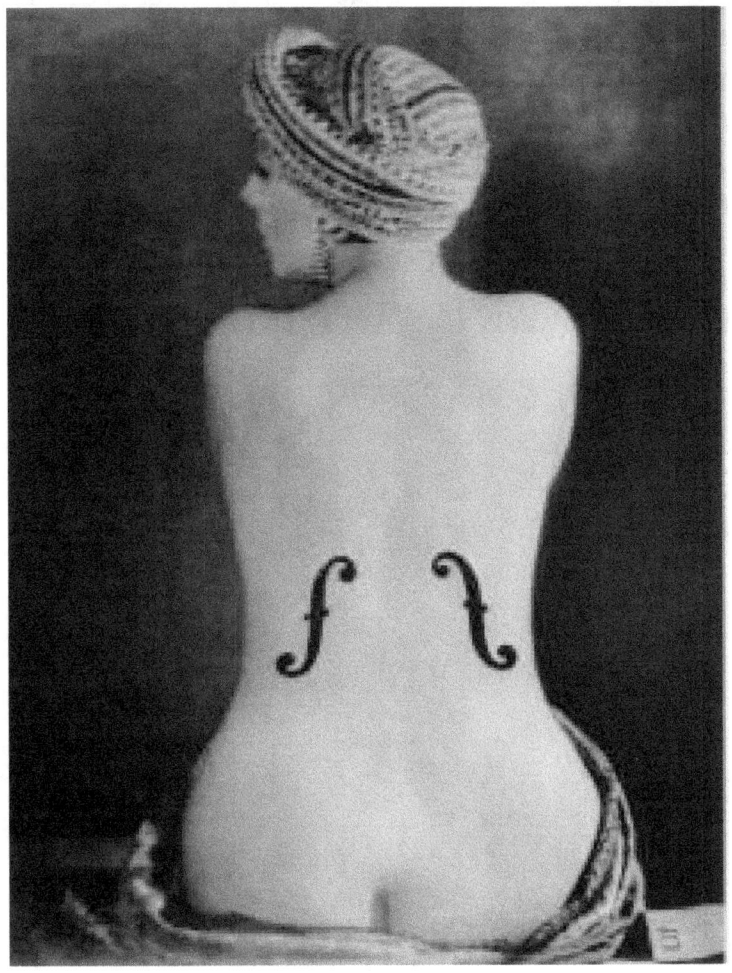

*Man Ray -El violón*

El artista francés Marcel Duchamp fue un genuino representante, llegando a utilizar objetos de uso –o desuso- cotidiano, aquellos a quien nadie daba valor, los denominados ready mades, elevándolos a la categoría de obra de arte por el simple hecho de exponerlos en un museo. El público aplaudió esa idea y el movimiento dadaísta cambió la definición de Arte. Además de Duchamp, los componentes de este grupo inicial fueron Hans Arp, Francis Picabia, Max Ernst y el fotógrafo Man Ray.

## Neo-dada, o Early Pop Art

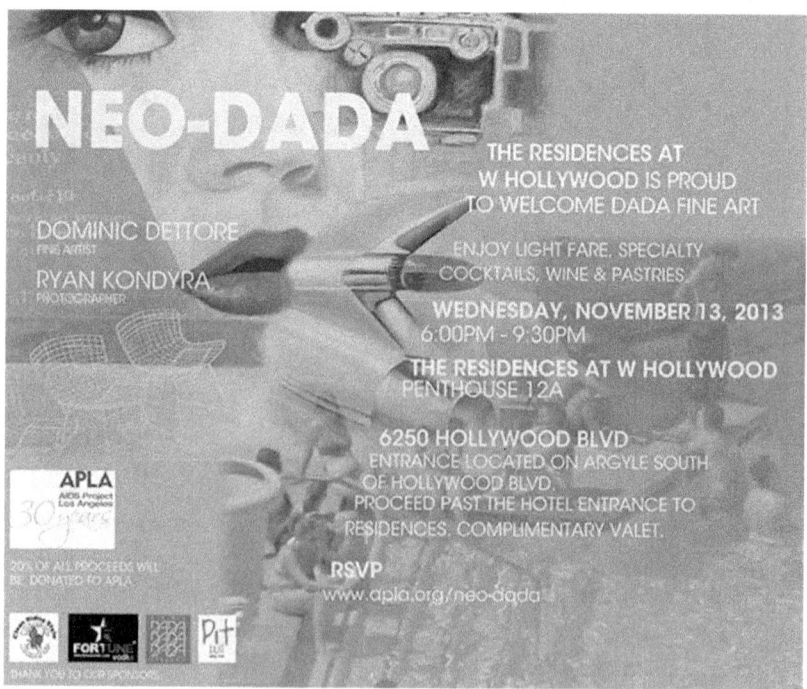

Los primeros artistas del Pop Art siguieron el ejemplo de Duchamp y en 1950 regresaron a las imágenes durante el apogeo del expresionismo abstracto, con el propósito de seleccionar "low-brow" para la imaginería popular. También incorporaron o reprodujeron objetos en 3 dimensiones.

A diferencia de las declaraciones de los artistas dadaístas, los artistas neo-dadaístas desarrollaron nuevas estrategias más adecuadas al clima de la guerra fría. El estilo Neo-Dada se burló de la cultura del consumismo pero, simultáneamente, la celebró mezclando la abstracción y el realismo, haciendo caso omiso a cualquier límite en los medios de comunicación a través de la experimentación con el montaje, el rendimiento y otras fusiones híbridas.

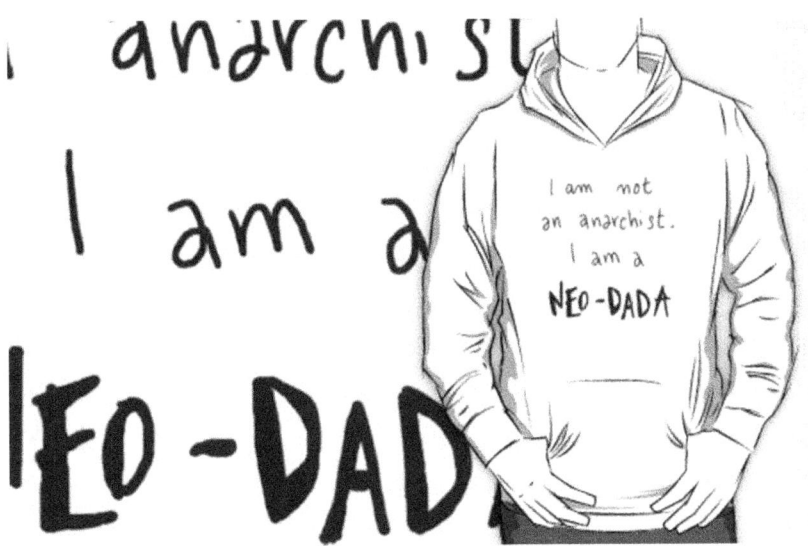

Los artistas Neo-Dada a menudo animaban a los espectadores a mirar más allá de las normas estéticas tradicionales e interpretar lo que significa a través de un proceso de pensamiento crítico. Para ello generaban contradicciones, yuxtaposiciones absurdas, narrativas codificadas y otras señales mixtas, en lugar de las emociones internas que los pintores de acción hacían referencia en sus obras abstractas.

# CAPÍTULO 3

## Inicios y desarrollo

En la década de 1960, los artistas comenzaron a hacer trabajos que implicaban latas de sopa, tubos gigantes de lápiz labial y tiras cómicas. Ahora veremos cómo terminaron con fotos de Marilyn Monroe y envases de supermercado, y compitieron junto a obras de Picasso y Matisse.

En los años siguientes a la Segunda Guerra Mundial, los Estados Unidos disfrutaron de un período sin precedentes de crecimiento económico y político. Muchas personas pertenecientes a la clase media estadounidense se mudaron a los suburbios, espoleados por la disponibilidad de viviendas de bajo costo, de edificación masiva. Elvis Presley llevó al surgimiento del rock and roll, Marilyn Monroe fue la estrella de cine reinante, y la televisión sustituyó a la radio como el medio de comunicación dominante.

Sin embargo, a finales de la década de 1950 y comienzos de 1960, una revolución cultural estaba en marcha, encabezada por activistas, pensadores y artistas que buscaron repensar e incluso revertir lo que era, a sus ojos, un orden social asfixiante gobernado por la conformidad. La guerra del Vietnam incitó protestas masivas, el movimiento por los derechos civiles buscó la igualdad para los afroamericanos, y el movimiento de liberación femenina cobró impulso.

Fue en este clima de turbulencia, en donde la experimentación y el consumismo dieron lugar a una nueva generación de artistas que surgieron en Gran Bretaña y Estados Unidos en esos años. Los artistas pop comenzaron a buscar inspiración en el mundo que les rodeaba, lo que representaba, a veces, hacer arte directamente de las cosas cotidianas, los artículos de consumo, los bienes y los medios de comunicación. Hicieron esto de una manera directa, utilizando franjas en negrita, colores primarios, a menudo extraídos directamente de la lata o tubo de pintura. Adoptaron métodos comerciales como la serigrafía, con producción en serie de sus obras, permitiendo que pudieran ser compradas por miles de personas. También quitaron importancia a la mano del artista y subvirtieron la idea de originalidad, en marcado contraste con la gran fuerza expresiva y a gran escala. Los artistas pop favorecieron el realismo, lo cotidiano (e incluso lo mundano), la imaginería, y emplearon grandes dosis de ironía e ingenio.

Sin embargo, los artistas pop como Andy Warhol y Roy Lichtenstein eran muy conscientes del pasado y buscaron conectar las tradiciones de arte con la cultura pop, con la televisión, los anuncios, las películas y los dibujos animados. Al mismo tiempo, su trabajo desafió los límites tradicionales entre los medios de comunicación, combinando las pinturas con la fotografía y el grabado, mezclando lo hecho a mano con los elementos confeccionados o producidos en masa, buscando nuevos significados.

Algunos jóvenes artistas británicos en la década de 1950, que crecieron con la austeridad en tiempos de guerra con las cartillas de racionamiento y el diseño de los servicios públicos, vieron la imagen seductora de la cultura popular estadounidense y su estilo de vida consumista con un sentido romántico de la ironía y un poco de envidia. Veían a los Estados Unidos como el país de la libertad, libre de las convenciones paralizantes de una sociedad clasista que estaba asfixiando la cultura. Ellos buscaban una cultura más incluyente, juvenil, que asumiera la influencia social de los medios de comunicación y la producción en masa.

La palabra 'POP' que fue acuñada por primera vez en 1954, por el crítico de arte británico Lawrence Alloway, describía un nuevo tipo de arte que se inspiraba en el imaginario de la cultura popular. Alloway, junto a los artistas Richard Hamilton y Eduardo Paolozzi, fue uno de los miembros fundadores del Grupo Independiente, un colectivo de artistas, arquitectos y escritores que exploraron planteamientos radicales en la cultura visual contemporánea durante sus reuniones en el ICA de Londres entre 1952 y 1955. En su primera reunión, Paolozzi dio una conferencia visual titulada "Litera" (bobadas o sin sentido), que ponía una mirada irónica en el estilo de vida de todos los estadounidenses. Para explicarse mejor, realizó una serie de collages a partir de revistas americanas. Su obra "Yo era un hombre rico de juguete ', fue la primera obra de arte visual que incluyó la palabra "POP".

El Pop Art se convirtió pronto en el modo de expresión en esta búsqueda de cambio y su lenguaje fue una adaptación de los collages y ensamblajes dadaístas, quienes habían creado combinaciones irracionales de imágenes aleatorias para provocar una reacción intensa hacia su obra. Por el contrario, los artistas pop británicos adoptaron una técnica visual similar, pero centraron su atención en las imágenes de masas de la cultura popular que se agitaban como un reto de cara a la creación.

El collage de Richard Hamilton, de 1956, "¿Exactamente, qué es lo que hace que los hogares de hoy sean tan diferentes, tan atractivos?" es una mezcla de imaginería, uniendo los comics, periódicos, publicidad, coches, comida, envases, electrodomésticos, celebridad, sexo, la era espacial, la televisión y el cine. Una versión en blanco y negro de este collage se utilizó como portada para el catálogo de la 'This Is Tomorrow', una exposición de la Galería Whitechapel en 1956. Este espectáculo anunció una ampliación de nuestra comprensión de lo que es la cultura e inspiró a una nueva generación de jóvenes artistas británicos que incluían Eduardo Paolozzi, Peter Blake, David Hockney, Allen Jones, Joe Tilson, Derek Boshier, Richard Smith y RB Kitaj.

**Antecedentes**

El Pop Art se convirtió en el arte más famoso de los Estados Unidos, pero en realidad tenía sus raíces en el Reino Unido.

Después de la Segunda Guerra Mundial, Gran Bretaña también disfrutó, al igual que los EE.UU. y muchos países de Europa, de un período inusual de prosperidad económica con más y más personas que tenían cantidades significativas de dinero. Esto, combinado con la infraestructura masiva de fábricas y medios de comunicación generados durante la guerra, creó una explosión de bienes de consumo y de publicidad para promoverlos. Las casas de la gente casi se convirtieron en santuarios, y la productividad de la posguerra y el estatus social se conectaron aún más con las cosas que el mercado ofrecía. Lo importante, no era tanto tener, como mostrarlo.

Más tarde, en la década de 1960, esta nueva obsesión por los bienes materiales y la publicidad llegó a su apogeo en los Estados Unidos, y se comenzó glorificar la cultura popular... y a criticarla. Los anuncios, las tiras cómicas, las etiquetas de los supermercados, incluso las celebridades de la televisión y el cine, constituyeron el objeto del Pop Art. La exploración ingeniosa e irónica de estas partes de la cultura visual, contribuyó al éxito y la longevidad del movimiento con su estilo icónico que mostraba una parte reconocible de la vida cotidiana. En pocas palabras, el Pop Art era el arte de la vida cotidiana en ese mundo recién impulsado por el consumidor.

**Desarrollo**

Este fenómeno pictórico popular causó no pocos horrores en los críticos de entonces, pues este arte popular lo consideraban adecuado para los niños, para ser visto por los niños. Este posmodernismo que parecía socavar las estructuras del noble arte de la pintura, en donde la idea era más importante que el arte, indudablemente se apartaba de otra tendencia no menos criticada, el dadaísmo, donde se persigue la ineficacia absoluta, lo absurdo y disparatado, lo irreverente y hasta lo sacrílego. Pero el Pop Art se acercaba más al surrealismo de Andrés Bretón, quien defendía la fantasía, la imaginación y el alejamiento de la vida real, incluso llegando a los sueños y al inconsciente. No obstante, también se desmarcó de este estilo y buscó su senda propia en el mundo de la publicidad y la ilustración comercial. Arte sí, pero rentable ante todo.

Además, hasta el dadaísmo, la característica esencial del arte tradicional era el trabajo en sí, pero la pintura, escultura, grabado y la escultura, sin una obra de arte, no eran nada. La belleza, la perfección, eran los elementos más valorados. Por lo tanto, toda la atención se centraba en la calidad del producto terminado, y las habilidades necesarias para producirlo. Dadá se rebeló contra esta línea, e insistió en la "idea detrás de la obra" en lugar de la propia obra. Muchos pop-artistas continuaron esta tradición de arte conceptual, esencialmente una reacción contra los principios del "formalismo", el cual considera que las cualidades formales de una obra -como línea, forma y color- son autosuficientes para su reconocimiento, y que cualquier otra consideración -como aspectos de representación, éticos o sociales- son secundarios o redundantes. El espectador desaparece a favor del artista.

Los artistas pop pusieron más importancia en el impacto de la obra, y menos a la realización de la misma, en la misma línea de los graffiteros posteriores. El uso de materiales diferentes, facilitó el concepto y el impacto de una obra, aunque hubo quien lo interpretó como un intento de desacreditar la seriedad del mundo del arte. Quizá había que definir qué se entiende por "seriedad".

Pero aprovechándose de este movimiento anti-arte clásico, algunos artistas pop solamente quisieron hacer algo anti-estético, en la línea de los dadaístas anteriores. Sin embargo, el Pop Art era más positivo y estaba más preocupado por crear nuevas formas de expresión, utilizando nuevos métodos y nuevas imágenes pictóricas, sin denigrar a la tradición. De hecho, muchos pop-artistas se veían a sí mismos como una contribución a, en lugar de tirar a la basura a las bellas artes. Así que debemos considerarlo como una forma de arte que utilizando otros elementos desarrollaron nuevas formas de presentar el arte y puede ser visto como una de las primeras manifestaciones de la posmodernidad que vinculó el arte a la vida cotidiana.

## Influencia actual de Pop Art

Jeff Jaffe, el co-propietario de Pop Galerías Internacionales en Nueva York establece que "El arte pop es ahora más fuerte que nunca". Coleccionistas, marchantes de arte, editores y casas de subastas, quieren sus obras. Todos ellos apuntan a algunos de los grandes nombres del arte: Clemens Briels, James Rizzi,

Romero Britto, Steve Kaufman entre otros. Todos estos artistas trabajan en un estilo pop y tienen gran éxito en el mercado actual.

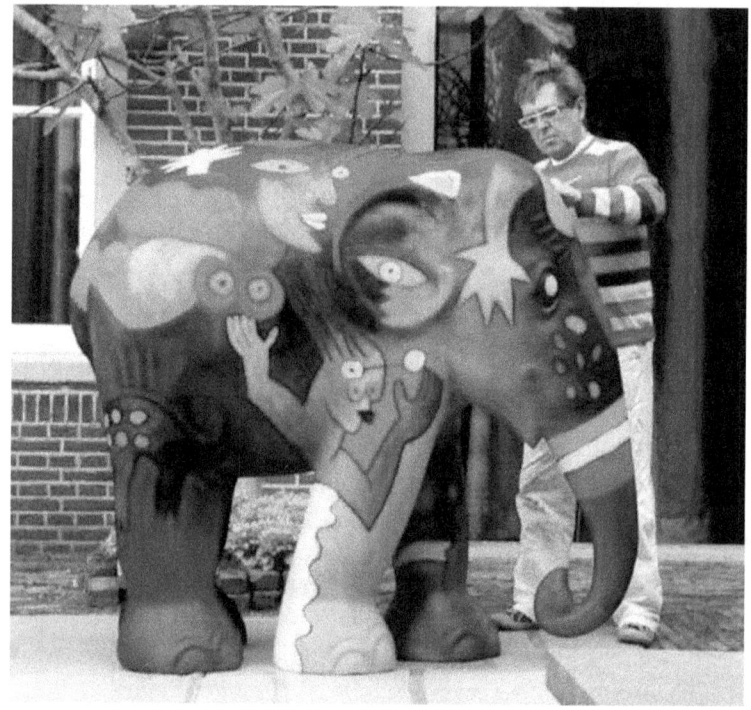

*Clemens Briels*

Huelga decir que el arte siempre ha sido una expresión de lo que ocurre en la sociedad. En la década de los 50 en Inglaterra, y en los años 60 en los Estados Unidos, el arte era más bien un caos en el consumo, en la publicidad, la televisión, los cómics y la moda. El Pop Art reinventó el arte más que nunca debido al movimiento del arte pop, que todavía es muy apreciado por la gente de hoy.

Ahora, el Pop Art sigue siendo muy popular, ya que estamos hablando de los originales antiguos que se venden por miles de dólares o copias de las que se venden en grandes cantidades por un pequeño precio. Está claro que el arte pop se ha convertido en algo más que una declaración y es imposible pasarlo por alto, pues donde quiera que vaya, en los lugares de la vida cotidiana, se sigue utilizando para la publicidad (que es lo que se utilizó inicialmente en la década de los 50).

Pop Art puede significar muchas cosas, pero una de esas cosas es claramente "popular". "Todas las apelaciones de arte llegan a la gente en un nivel emocional, pero el Pop Art se experimenta en nuestra vida cotidiana" -dijo Julie Maner, directora de asuntos empresariales del Museo Ediciones en New Rochelle, Nueva York-. Por esto, ella se refiere a la serie "Dog Pop", creada por Gloria Lee. Esta serie cuenta con 25 razas de perros diferentes en algunos colores pop eléctricos. Por supuesto, esta impresión, en particular, se exhibe en las ventanas de las tiendas porque son coloridas y caprichosas.

El arte pop es hoy tan popular que se usa para crear tarjetas de cumpleaños atrayentes, camisetas, insignias, calendarios, carteles, lonas, -así que sigue estando presente-. Las características de este arte, como los colores brillantes y las impresiones, aún no se han desvanecido y tengo serias dudas de que vayan a desparecer nunca, ya que el movimiento popular aún sigue fascinando hoy.

Algunas personas se preguntan por qué el arte pop ha regresado con tanta fuerza, después de tantos años de su aparición. La respuesta dada por algunos fue que el Pop Art ha conseguido una gran cantidad de seguidores en los últimos años y ha demostrado ser una inversión sólida. Otros dijeron que sólo permanece lo bueno y que las modas pasan. Por otra parte, se cree que volvió como una necesidad de que América vuelva a ser consolada por las cosas familiares y menos por el aislamiento social.

"El arte en el género Pop está en constante cambio, y es una manera de mantenerse al día con los tiempos", -dijo Julie Maner-. "Lo que creo que le hace grande al Pop Art es que es transcultural. No es una declaración política. Es la mejor forma de arte para cualquier persona que pudiera ser intimidada por el arte" -afirma Ruth-Ann-.

Y es cierto, pues la mayoría de las personas evitan hablar de arte tradicional, de aquel que está en los museos, porque se dan cuenta que "no entienden de arte". Pero en el Pop Art el asunto es diferente.

Los artistas siguen utilizando hoy en día la mayor parte de las características del estilo del arte pop como inspiración para sus obras de arte. Las obras de Roy Lichtenstein y de Andy Warhol, son las más utilizadas como modelos para sus obras contemporáneas. Hoy vemos a artistas creando ilustraciones frescas, grabados y carteles con detalles como: puntos de imagen, colores fuertes y múltiples, la serie de imágenes en una sola impresión, gente famosa, utilidades para el hogar como la televisión, la radio, los ordenadores y móviles.

Las obras de Pop Art, debido a su paquete de colores, representan una gran inspiración para los diseñadores, ya que estamos hablando de un producto que se puede imprimir en carteles, lonas, camisetas o muchas otras cosas.

## Neo-Pop

Durante la década de 1980 hubo un resurgimiento del interés por el Pop Art, ahora bajo el nombre de Neo-Pop (o "Shock Pop-Art"). No fue un nuevo movimiento de arte como tal, sino un resurgimiento de obras de arte basadas en la cultura popular, pero de los años 1980. Pero mientras que el movimiento original Pop era totalmente vanguardista, el Neo-Pop Art fue una repetición, pues emplearon los mismos materiales y utensilios cotidianos, así como las imágenes de las celebridades como Michael Jackson, Madonna, Britney Spears, Paris Hilton, y otros muchos. También se inspiraron en el minimalismo, el arte conceptual y el fotorrealismo, consiguiendo solamente una versión más extrema de Warhol, Oldenburg y Rauschenberg.

# CAPÍTULO 4

## Lugares de exposición

### ARMONY SHOW

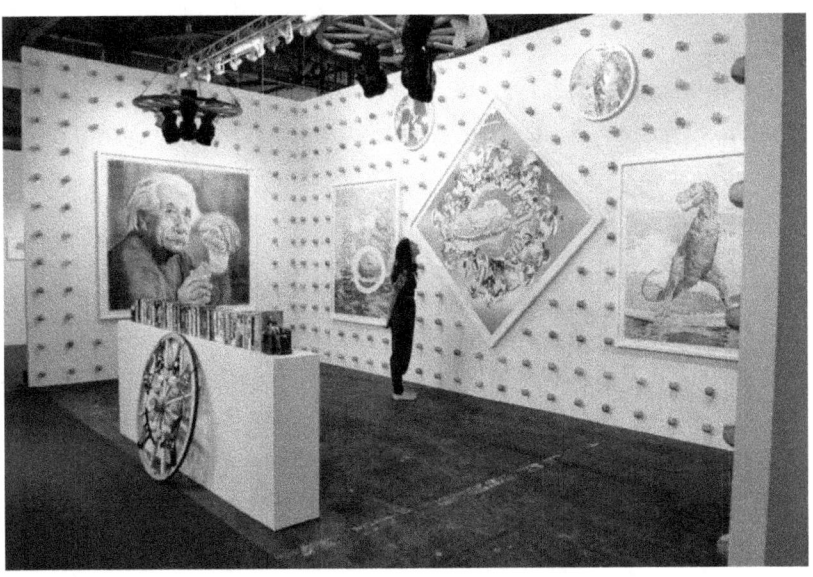

Las muestras artísticas tuvieron lugar en la armería del 69°
regimiento de la Guardia Nacional en Nueva York, término que
es utilizado habitualmente para referirse a la International
Exhibition of Modern Art (Exposición Internacional de Arte
Moderno) que tuvo lugar entre el 17 de febrero y el 15 de marzo
de 1913. Esta exposición se convirtió en un punto de inflexión
para el arte en los Estados Unidos en dirección al arte moderno,

en oposición al académico. Desde entonces, los artistas estadounidenses se hicieron más independientes y crearon su propio estilo y lenguaje artístico.

No obstante, esta es una nota de prensa, publicada en 1913, muy significativa:

*Chicago, 02 de abril: Las acusaciones de que la exposición internacional de las imágenes de cubistas y futuristas, que está siendo representada aquí en el Instituto de Arte, contiene muchos lienzos y esculturas indecentes, serán investigadas de inmediato por la comisión sobre la trata de blancas según la legislatura de Illinois.*

*Una visita de un investigador en ese espectáculo y su informe sobre las imágenes, ha causado que el Vicegobernador Barratt O'Hara ordenara un examen inmediato de toda la exposición. El Sr. O'Hara pidió que se mirase con detalle las fotos que habían sido objeto especial de quejas. "No vamos a condenar a la exposición internacional, sin una investigación imparcial", dijo el vicegobernador. "He recibido muchas quejas, sin embargo, y el público debe saber que el tema se examinará a fondo."*

*El investigador informó que un número de las imágenes eran "inmorales y sugerentes." Los Senadores Woodward y Beall de la comisión visitarán la exposición hoy. (Ottumwa Tri-Semanal Courier, Iowa, 03 de abril 1913).*

La ilustración siguiente fue una de las criticadas y eso que estaba dibujada por Robert Henri, profesor de la New York School of Art.

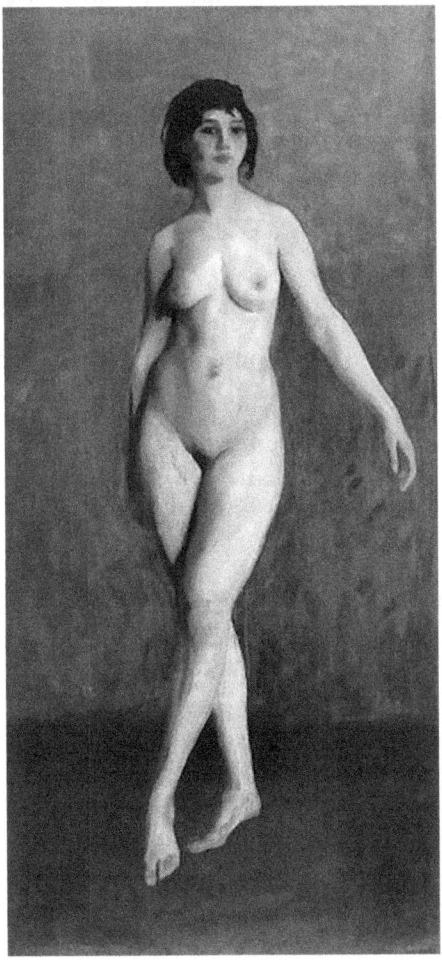

*Robert Henri 1913*

Sobrevivimos a tal intento de magnicidio artístico y el evento se convirtió en un acontecimiento importante en la historia del arte americano, y sus conciudadanos acostumbrados al arte realista, disfrutan con los estilos experimentales de la vanguardia europea, incluyendo el fauvismo, el cubismo, el Pop Art y el futurismo. El espectáculo sirvió como catalizador para todos los artistas independientes que habían creado su propio lenguaje artístico.

El Armory Show, es ya un icono del arte moderno y contemporáneo internacional, y tiene lugar cada mes de marzo en los muelles 92 y 94 en la ciudad de Nueva York. La feria está dedicada al uso de la innovación tecnológica para mostrar las obras de arte más importantes de los siglos XX y XXI, incluyendo un programa excepcional de eventos de arte y exposiciones en toda Nueva York durante la célebre Semana de Arte Armería.

## EL CABARÉ VOLTAIRE

El Cabaré Voltaire fue fundado en 1916 por Hugo Ball en Zúrich como un lugar de reunión para gente del arte y la política. Realmente era la planta superior de un teatro y la pretensión era la burla de las obras interpretadas en el cabaré. Allí se fundó el Movimiento Dadá, formado por Hugo Ball, Tristan Tzara, Jean Arp y Marcel Janco, aunque también lo emplearon como lugar de reunión los surrealistas.

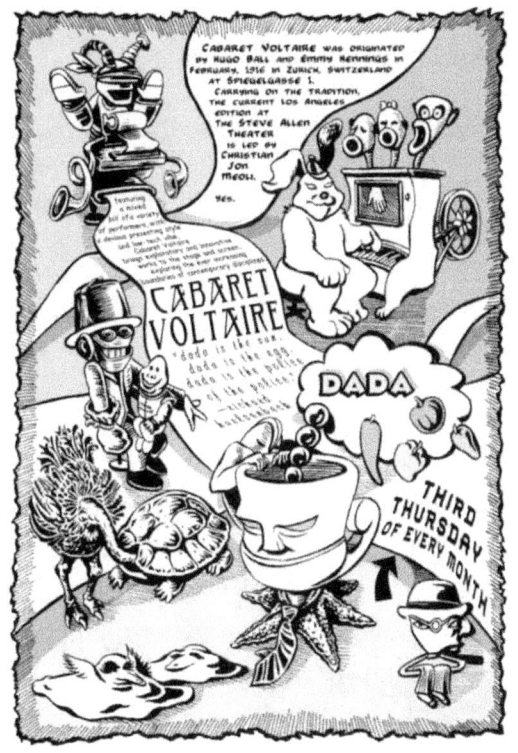

Tristan Tzara propuso este método para convertirse en un buen dadaísta, al que denominó como *Los siete manifiestos Dadá*:

*Coja un periódico*

*Coja unas tijeras*

*Escoja en el periódico un artículo de la longitud que desee para hacer un poema*

*Recorte en seguida con cuidado cada una de las palabras que forman el artículo y métalas en una bolsa*

*Agítela suavemente y saque cada recorte uno tras otro*

*Copie concienzudamente en el orden en que hayan salido de la bolsa*

*El poema se parecerá a usted y si es un escritor infinitamente original y de una sensibilidad hechizante, será incomprendido por el vulgo.*

Con el paso del tiempo el lugar se deterioró, hasta que en 2002 los autodenominados Neo-Dadaístas, entre ellos Mark Divo, realizaron una okupa sin paliativos, alegando que era un símbolo de una nueva generación de artistas que pretendían recuperar el movimiento Dadá. La idea tuvo éxito y hubo fiestas, teatro, poesía y hasta películas. Allí estuvieron Ingo Giezandammer, Lennie Lee y Dan Jones, entre otros.

Decorado con esmero y recuperado el local, la población joven de Zúrich se volcó en el experimento, hasta que la policía lo resolvió sin juicio; simplemente con las porras.

Afortunadamente, se convirtió en un museo en recuerdo al estilo Dadá.

En Alemania se formaron dos grupos similares, el de Berlín y el de Colonia. Allí se encontraban Max Ernst, George Grosz, John Heartfield o Raoul Hausmann.

# CAPÍTULO 5

## El nacimiento del Pop Art

Con probabilidad se lo debemos a Lawrence Alloway, nacido el 17 de septiembre de 1926 en Wimbledon, Londres, Reino Unido, y fallecido el 02 de enero 1990. Educador de arte, restaurador de museo e historiador de arte, se le considera como el mejor y el primer exponente del arte norteamericano de posguerra que consiguió llegar al público europeo y posiblemente acuñador del término Pop Art o "arte pop", – realmente Arte Popular.

Aquejado de tuberculosis en la niñez, lo cual le interrumpió su educación formal, en su adolescencia escribió cortas reseñas de libros para el Sunday London Times. Posteriormente acudió a clases nocturnas en la University of London Birbeck, pero nunca se graduó. Pronto se desligó del mundo artístico tradicional e impartió conferencias sobre arte en la Workers Education Association, donde definió su compromiso del arte para las masas.

Siendo docente, en realidad profesor visitante, en la Tate Gallery y en la National Gallery, Alloway se unió a una asociación informal de artistas conocidos como Grupo Independiente en 1952, la cual constaba de artistas, arquitectos, historiadores y críticos de arte que respaldaban las actitudes liberales y pluralistas en el arte. Sus lugares de reunión fueron el Instituto

47

de Arte Contemporáneo, y posteriormente en Dover Street, cerca de Piccadilly, Londres.

Casado en 1954 con la artista Sylvia Sleigh, elaboraron multitud de "collages y objetos" en una exposición histórica y más tarde fue nombrado director asistente del Instituto de Arte Contemporáneo, alcanzando pronto cierta popularidad entre los artistas de vanguardia, incluso del cine, por su actitud arrogante y los pronunciamientos inverosímiles sobre el arte.

Durante sus años como director de la ACI, suprime el término "arte popular" por el de "Pop Art", consiguiendo recibir una beca del Gobierno de los Estados Unidos para estudiar el arte americano, enseñando en el Bennington College, siendo nombrado también como comisario del Museo Guggenheim, aunque se enfrentó al director Thomas Messer y le despidieron.

Desde 1968 hasta 1981, fue nombrado profesor de Historia del Arte en la Universidad Estatal de Nueva York en Stony Brook, Long Island, justo hasta que desarrolló una enfermedad neurológica que le obligó a ir en silla de ruedas, dejando la enseñanza. Estaba elaborando un catálogo para una próxima presentación del trabajo de su esposa, cuando murió repentinamente de un paro cardíaco en su casa de Manhattan en 1990 a los 63 años.

Los principales escritos de Alloway incluyen las colecciones de ensayo *Temas de Arte Americano desde 1945* (editado en 1975), *la Red: El arte y el presente Complex* (1984), y la obra publicada póstumamente *Imaginando el Presente: Contexto,* *contenido, y el papel de la Críti*ca (2006). También escribió una monografía definitiva de la obra del pintor Roy Lichtenstein (1983).

Alloway contribuyó con una introducción titulada *Design as a Human Activity* y con el catálogo *This is Tomorrow* que logró un acercamiento al Grupo Independiente: *"En This is Tomorrow el visitante puede involucrase en los efectos, jugar con las señales, ver y tocar una gama amplia de materiales y estructuras y, juntos, hacer del arte y la arquitectura una actividad compartida, algo verdadero lejos de las normas que hasta ahora se han considerado como ideales."*

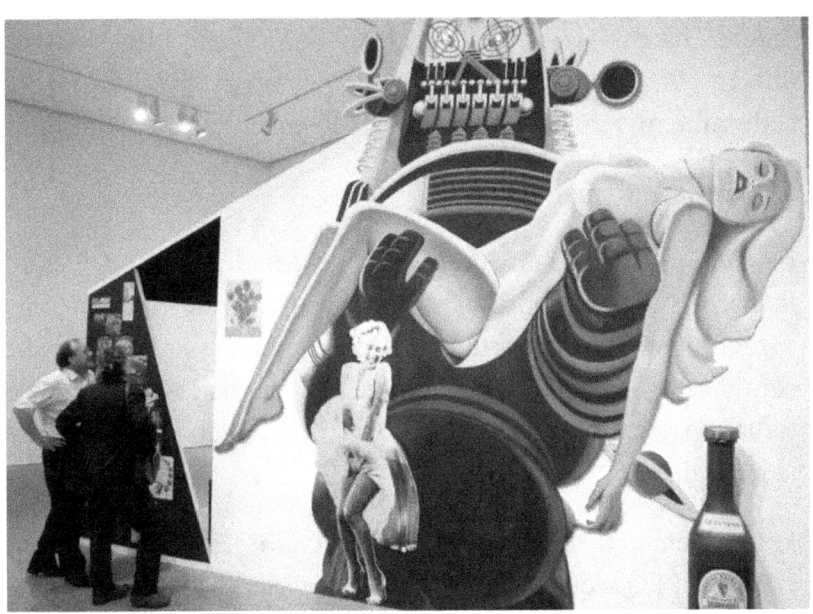

# Gran Bretaña

En Gran Bretaña las cosas eran más tranquilas, más serias y más románticas, menos infantiles y mucho más nostálgicas, aunque estaban marcadamente influenciadas por los americanos, a quienes se les consideraba a la vanguardia de la cultura Pop y mucho más emocionante.

Luego llegó la televisión estadounidense, su peculiar modo de vivir, sus hamburguesas y los cantantes roqueros. Así que los artistas utilizaron las imágenes norteamericanas para inspirarse y sus propias costumbres quedaron marginadas. Además, la industria de la publicidad y la impresión británica estaban mucho menos desarrolladas, y como tenían dificultad para utilizar los mismos materiales y técnicas, por ejemplo la serigrafía, tuvieron que depender de los materiales más antiguos.

## El Grupo Independiente

En 1952, un encuentro de artistas en Londres que se hicieron llamar Grupo Independiente, comenzaron a reunirse regularmente en el Institute of Contemporary Arts de Londres para discutir temas como la cultura de masas, las academias de Bellas Artes, los objetos cotidianos, y mucho de ciencia y tecnología.

Los miembros incluyeron a Eduardo Paolozzi, Richard Hamilton, los arquitectos Alison y Peter Smithson, y los críticos Lawrence Alloway y Reyner Banham. Lo que les impulsó fue que en la Gran Bretaña de la década de 1950, apenas recién salidos de la austeridad de los años de la posguerra, sus ciudadanos eran ambivalentes acerca de la cultura popular estadounidense.

Así que, en la primera reunión de 1952, Paolozzi presentó una serie de collages montados a partir de recortes de revistas y otros objetos encontrados quizá en la basura, incluyendo su collage titulado "Yo era el juguete de un hombre rico" (creado en 1947). El tema de la conversación era encontrar el valor artístico y la relevancia del arte popular no codificado ni apreciado.

Aunque el grupo era sospechoso de su carácter comercial, estaban entusiasmados con la rica cultura pop mundial que parecía prometer un gran futuro. Las imágenes se discutían largamente, incluidas aquellas que se encuentran en las películas del Oeste, la ciencia ficción, los cómics, carteles, el diseño de automóviles, y el rock and roll. La inspiración, pues, era muy amplia.

Uno de los primeros participantes de este movimiento fue Richard Hamilton, un artista del Reino Unido. Su obra *¿Qué es lo que hace que los hogares de hoy sean tan diferentes, tan atractivos?* de 1955-56 es posiblemente una de las primeras piezas de arte pop que, junto con el collage de Paolozzi de 1947, es considerado como uno de los primeros ejemplos del British Pop-Art.

El nombre del movimiento se lo puso el crítico de arte Lawrence Alloway cuando se refirió a ello como 'pop art', debido a las características de los Tootsie Pops de Richard Hamilton, a su vez inspiradas en un caramelo duro relleno de chocolate con paleta incluida, inventadas en 1931 y que luego se popularizó como chupa-chups.

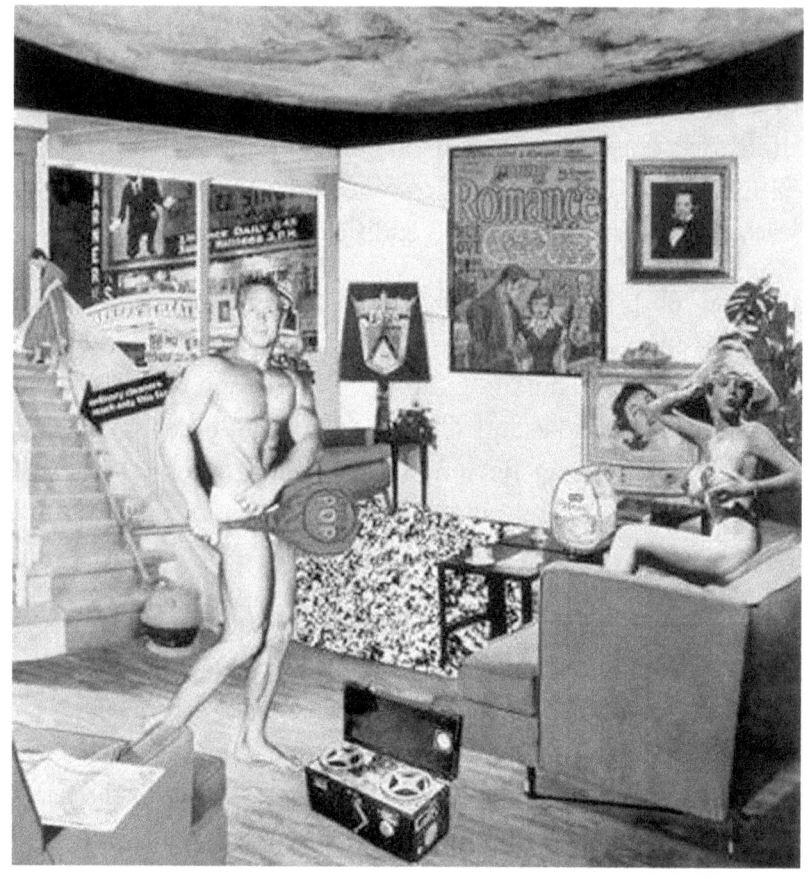

*Richard Hamilton*

El cuadro es un collage hecho a partir anuncios que reflejan el caos visual en un tono serio y la  figura masculina (en pose

Charles Atlas) y femenina, tienen el propósito de recordar todo lo que nos hemos perdido al abandonar el Jardín del Edén y por lo que lo hemos reemplazado. Ellos guapos y fornidos, y ellas sexys y sugerentes, dentro de un cuarto que parece absurdo, pero que es nuestra vida cotidiana.

No es fácil atribuir el término "arte pop" (Pop Art) -arte popular, para ser más exactos- actual a una persona u origen determinado, aunque el primer uso del término por escrito ha sido atribuido tanto a Lawrence Alloway, como a Alison y Peter Smithson, y alternativamente a Richard Hamilton, quien definió Pop en una carta, mientras que la primera obra de arte que incorporó la palabra "Pop" fue producida por Eduardo Paolozzi.

Su collage (ensamblar varios elementos en un todo unificado) de 1947 era el juguete de un hombre rico y contenía todo aquello que le gustaría tener: una guapa y sonriente chica, el logotipo de Coca-Cola como símbolo americano, un pastel de cereza, un avión de combate de la Segunda Guerra Mundial que indicaba el poderío americano, y en la mano una pistola disparando por si las cosas se ponían mal.

El mundo "Pop" había comenzado.

Su trabajo con el *Grup Independed* ayudó a formar una comprensión radicalmente opuesta de la cultura, alejada del elitismo y el clasismo, incorporando también la ciencia ficción literaria, las películas de Hollywood, y los juegos.

Los críticos que evaluaron la exposición retrospectiva de 1.990 sobre el Grupo Independiente, subrayaron que tanto Alloway, como Richard Hamilton, Reyner Banham y Smithson, "eran mucho más radicales y fértiles que las obras de arte que crearon" y que gracias a ellos surgió un nuevo estilo de pintura

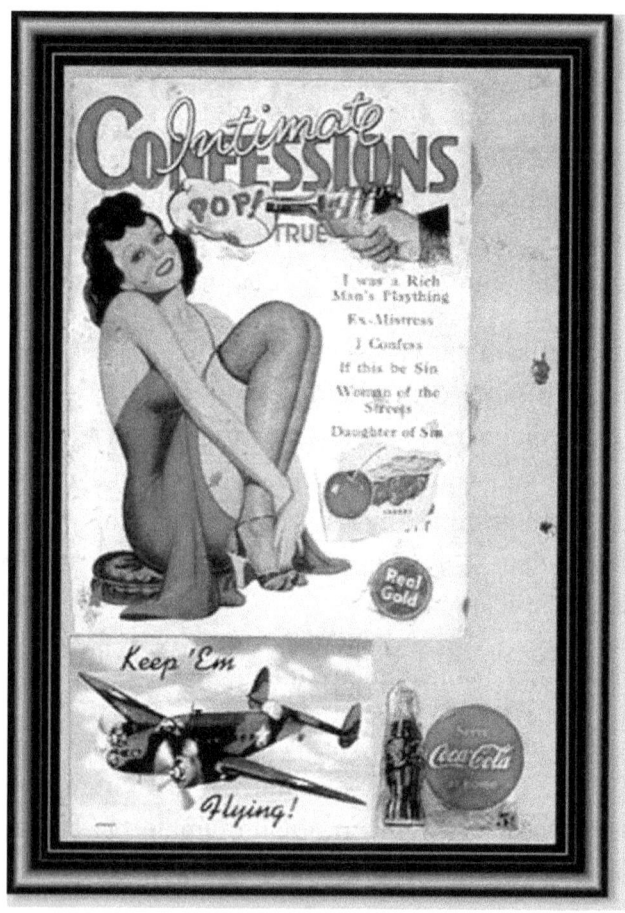

*Eduardo Paolozzi*

El movimiento fue bautizado oficialmente por Lawrence Alloway en su artículo "Las Artes y los Medios de Comunicación", en el periódico "Noticias de arte", aunque hay quien lo atribuye a John Mchale. Lo cierto es que el Pop Art, en su mayor parte, completó el movimiento modernista en la década de 1970, con su inversión optimista en todo el mundo contemporáneo.

En 1961, una serie de estilo Pop elaborada por Derek Boshier, David Hockney, Allen Jones, RB Kitaj y Peter Phillips, es presentada en la Exposición Jóvenes Contemporáneos. En 1962, el pop británico alcanza gran popularidad cuando la BBC proyecta " *Pop Goes the Easel*", una película de Ken Russell, que exploró el nuevo movimiento en Gran Bretaña.

Como representantes del Pop Art británico tenemos:

Grupo Independiente (Instituto de Arte Contemporáneo), Richard Hamilton, Eduardo Paolozzi, Peter Blake, John McHale, Lawrence Alloway, Pedro Reyner Banham, Richard Smith y Jon Thompson.

Provenientes del Royal College of Art están:

RB Kitaj, Peter Philips, Billy Apple (Barrie Bates), Derek Boshier, Patrick Canfield, David Hockney, Allen Jones y Norman Toynton

## EE.UU

El Pop Art en Estados Unidos se desarrolló de una manera ligeramente diferente a su contraparte británica, pues era a la vez un desarrollo y una reacción contra la pintura expresionista abstracta, quizá el primer movimiento artístico de América para lograr el reconocimiento mundial. No obstante, a mediados de 1950, muchos pensaron que se había vuelto demasiado introspectivo y elitista.

Lo cierto es que el Pop Art estadounidense evolucionó en un intento de revertir esta tendencia mediante la reintroducción de la imagen como un elemento estructural en la pintura, para sacar el arte de la oscuridad, de la abstracción, y llevarlo de nuevo al mundo real. No era una novedad, pues ya había sido probado con anterioridad. Picasso, por ejemplo, había hecho algo similar cuarenta años antes cuando realizó sus collages con imágenes del "mundo real" impresos sobre sus naturalezas muertas, ya que temía que su pintura se estaba volviendo demasiado abstracta.

A mediados de la década de 1950, el mundo del arte estaba siendo sacudido por una serie de artistas vinculados a pequeños movimientos (por ejemplo Neo-Dada, Funk Art, letrismo, Beat Art, Polymaterialism, entre otros), muchos de los cuales fueron incorporando los artículos de la cultura de masas en sus obras. Su deseo era que el arte popular figurara junto con las obras clásicas (como el expresionismo abstracto), y para ello utilizaron materiales no artísticos y se centraron en temas comunes, fácilmente reconocibles en esa época.

Alrededor de 1955, dos artistas notables surgieron que había que sentar las bases de un puente entre el expresionismo abstracto y el arte pop. Eran Jasper Johns y Robert Rauschenberg, los precursores del arte pop americano. Dentro de este auge innovador destacan los trabajos de Robert Rauschenberg, Ray Johnson y Jasper Johns, quienes estaban empezando a tener un impacto dentro del arte de Nueva York. Johns, con sus pinturas de banderas, objetivos y números, así como con sus esculturas de objetos como las latas de cerveza; Rauschenberg, con el collage y combinando pinturas con diversos objetos o imágenes fotográficas, animales de peluche, botellas de Coca-Cola, y otros artículos; Johnson con sus collages de celebridades como James Dean, Shirley Temple y Elvis. También fueron apoyados por personas influyentes como el compositor John Cage (Carolina del Norte), y el artista Allan Kaprow.

Esta creciente ola de una nueva forma de expresión artística, se vio reforzada por el interés renovado en los movimientos de vanguardia anteriores como el dadaísmo y el surrealismo, cuya vitalidad perdurable fue reforzada por la influencia, incluso la presencia real, de varios ex-dadaístas y surrealistas, como Marcel Duchamp, Max Ernst y Joseph Cornell. No obstante, hay que matizar que aunque los artistas americanos tenían una deuda con los pioneros europeos, su mayor interés se centraba en reflejar en sus obras la realidad de la América contemporánea.

A principios de la década de los 60s, un grupo de artistas de estilo popular comenzaron a ganar fama a través de exposiciones individuales realizadas en Nueva York y Los Ángeles, varios de los cuales utilizaron técnicas de grabado comerciales (por ejemplo, la serigrafía) para crear su arte, en lugar de los tradicionales métodos pictóricos.

Ahora sus obras se podían reproducir y duplicar para formar nuevos cuadros. Robert Indiana, Alex Katz, Roy Lichtenstein, y Andy Warhol, son un ejemplo de ello. Recordemos los aceites de Lichtenstein en sus tiras cómicas, las serigrafías de Warhol de Marilyn Monroe y latas de sopa Campbell, así como las hamburguesas de vinilo monumentales de Oldenburg y los helados.

Pero las críticas siguieron presentes y se les acusó de ser nuevos realistas. En 1962, no obstante, se celebraron dos importantes exposiciones de arte, una en el Museo de Arte de Pasadena, y la otra en la Sidney Janis Gallery en Nueva York. Bien, la publicidad se refería a estos eventos como "La Nueva Pintura de Common Objects" y "Nuevo Realismo", así que el término Pop Art seguía sin emplearse de forma decisiva, por lo menos hasta que Lawrence Alloway –restaurador en el Museo Guggenheim– lo definió sin complejos.

Y ya en 1963, la propagación del Pop Art en toda América, y con la ayuda de sus colegas británicos, se estableció en el continente. La economía mundial crecía en general, la ciencia hacía nuevos descubrimientos, la televisión imponía su ley y la música contemporánea introducía el término pop. La aparición de grupos de culto como The Beatles, y el fenómeno psicodélico, contribuyeron de forma importante.

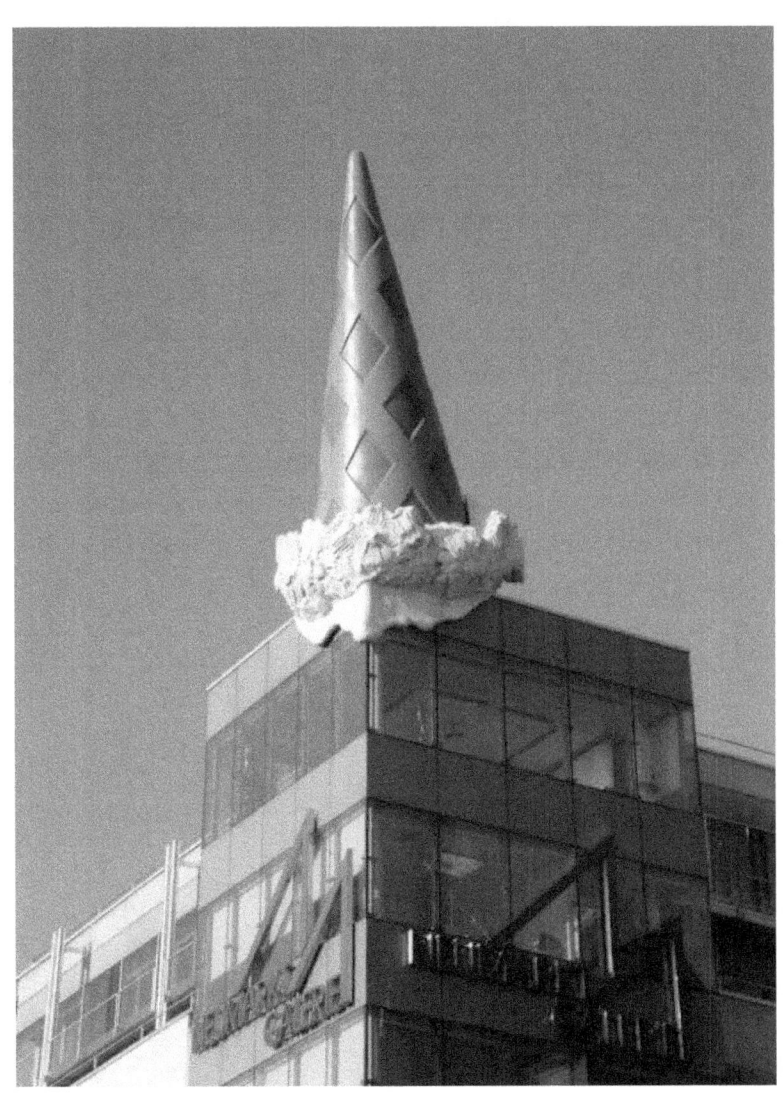

*Oldenburg*

En esa década, Andy Warhol ganaba fama y notoriedad por sus serigrafías reproduciendo a celebridades, así como por su trabajo conceptualista, mientras que sus métodos de producción de arte era cada vez más elegantes, sin olvidar lo hábil que era auto-promocionándose, incluso cuando fue gravemente herido de un disparo el 3 de junio de 1968.

Roy Lichtenstein, también era un nombre familiar a través de sus tiras cómicas blow-ups y otras realizadas en Europa, y como colofón estaba Robert Rauschenberg quien ganó el Gran Premio en la Bienal de Venecia de 1964, y gracias a ello fue impulsado por artistas e ingenieros mediante la EAT (Experimentos en Arte y Tecnología), mientras que Johns Jasper gana en 1967 el premio internacional en la Bienal de Sao Paulo.

Todos ellos hubieran triunfado en todo el mundo si no hubiera ocurrido la guerra contra el Vietnam y el consecuente antiamericanismo.

# CAPÍTULO 6

## Artistas destacados

**Alex Katz** (1927)

Se trata de un pintor figurativo único, aunque también ha trabajado en el grabado (las impresiones se hacen en una sola placa o matriz) que permite hacer reproducciones en edición limitada, numerada y firmada por el artista.

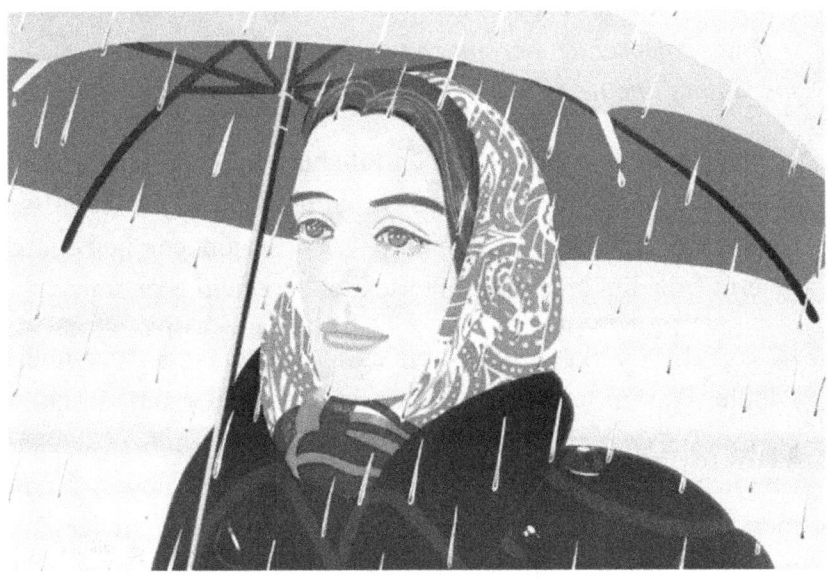

*Alex Katz -Blue umbrella*

También se involucró en la escultura, pero finalmente se asoció con el Pop Art debido a su reelaboración de temas tradicionales en un lenguaje pop. Esto le permitió ser conocido por sus innovadoras ideas basadas en los impresionistas (especialmente Edouard Manet, Claude Monet y Georges Seurat), como los diferentes efectos de luz, y las escenas de burgueses en lugares de ocio, empleando técnicas de petróleo húmedo sobre soporte húmedo y pincelada suelta. No obstante, su obra fue en ocasiones sombría, aparentemente sin emoción o sensibilidad.

**Andy Warhol** (1928-1987)

*"Empecé como artista comercial, y quiero terminar como artista comercial. Ser bueno en los negocios es el más fascinante tipo de arte."*

Nacido el 06 de agosto 1928, en Pittsburgh, Pennsylvania, Andy Warhol entendía de negocios y también de lo atractivo que resulta ser célebre. En conjunto, su obsesión por la Segunda Guerra Mundial le impulsó a buscar el beneficio económico.

Desde los centros comerciales y gracias a la revista People, Warhol capturó una auténtica estética americana: el envasado de productos y personas. Era un observador perspicaz. La exhibición pública le catapultó a la fama y todo el mundo le quiso imitar, deseando que sus obras tuvieran, al menos, quince minutos de fama.

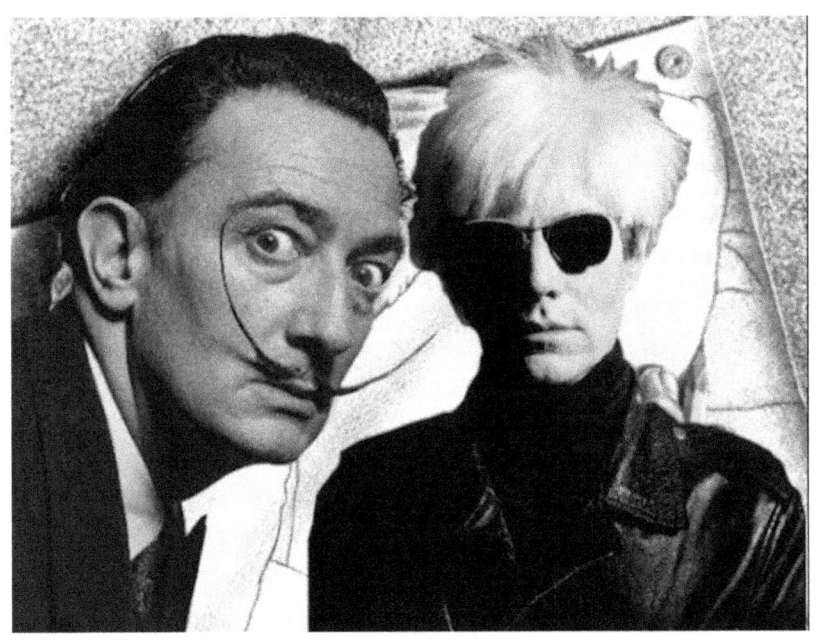

*Warhol y Dalí*

Si hay un artista que personifica el Pop Art fue Andy Warhol Trabajó inicialmente como un "artista comercial" y su tema fue derivado de la imaginería de la cultura de masas: la publicidad, el cómic, los periódicos, la televisión y el cine.

Warhol encarnaba el espíritu de la cultura popular estadounidense y elevó sus imágenes a la categoría de arte de museo. Utilizó imágenes de segunda mano de las celebridades y los productos de consumo, aparentemente banales, pero que las dotó de cierto atractivo. Sintió que habían sido despojadas de su significado y presencia emocional a través de su exposición masiva. Al subvertir los valores de la creación del arte, Warhol quedó fascinado por esta banalidad y lo celebró en una serie de temas que van desde celebridades a las latas de sopa. Se podía tratar de una pintura de Campbell de fideos con pollo, un "Car Crash", un retrato de Elizabeth Taylor" o una silla eléctrica; el enfoque individual de Warhol era siempre el mismo.

"Creo que cada pintura debe ser del mismo tamaño y del mismo color para que todo sea intercambiable y nadie piense que en buena o mala".

Warhol vio esta estética de la producción en masa como un reflejo de la cultura estadounidense contemporánea.

"Lo bueno de este país es que Estados Unidos comenzó la tradición donde los consumidores más ricos compran esencialmente las mismas cosas que los más pobres. Usted puede estar viendo la televisión y ver la Coca Cola, y sabe que el Presidente bebe Coca Cola, Liz Taylor bebe Coca Cola, y cualquiera puede beberla. Una coca cola es una coca cola y ninguna cantidad de dinero puede dar mayor alegría a un vagabundo que beber también una coca cola en su esquina. Todos las coca colas son iguales y todas buenas. Liz Taylor lo sabe, el Presidente lo sabe, el vagabundo lo sabe, y tú lo sabes".

La ironía evidente de esta afirmación es que el precio de la botella de Coca Cola aumentó cuando se mostraba en los cuadros de Warhol.

Al igual que el cubismo se coloca en los hombros de Cézanne, el arte de Warhol depende de Duchamp. Fue realmente un dadaísta en espíritu, un provocador. Sus muchas proclamas caprichosas sobre el arte fueron deliberadamente enigmáticas y contrarias, evitando aclaraciones que le pondrían en un aprieto y obligando a su audiencia a especular sobre su significado.

"Yo prefiero seguir siendo un misterio y no quiero explicar mi experiencia y, de todos modos, hago todo para que me pregunten".

Esta actitud evasiva de Warhol fue una estrategia, cuyo resultado fue la auto publicidad. Cultivó su propia imagen como un modelo de negocio que era inseparable de su arte.

"Empecé como artista comercial, y quiero terminar como artista comercial. Ser bueno en los negocios es lo más fascinante que tiene este tipo de arte."

Warhol estaba en contra de la idea de la habilidad y la artesanía como una forma de expresar la personalidad del artista. Afirmó haber eliminado tanto la artesanía como la personalidad en su propio arte.

"La razón por la que estoy pintando de esta manera es que quiero ser una máquina, y siento que todo lo que hago y hago maquinalmente lo que quiero hacer".

"Soy una persona profundamente superficial, y el arte debe ser significativo en la forma más superficial".

Sus paneles combinados son un memorable discurso sobre la naturaleza de la fama y su poder tanto para crear como para destruir. El formato 'díptico' fue originalmente utilizado en la pintura medieval para las imágenes religiosas de devoción personal, una elección adecuada teniendo en cuenta la fascinación de Warhol por Marilyn Monroe.

El Díptico de Marilyn, junto con sus otras pinturas famosas, se basa en una fotografía publicitaria de 1953 para la película 'Niágara' que Warhol adquirió sólo unos días después de su muerte. La obra fue expuesta en la primera exposición de Warhol de Nueva York en la Stable Gallery en noviembre de 1962, pocas semanas después de la muerte de Marilyn por intoxicación aguda con barbitúricos.

Así que el artista que personificaba el Arte Pop más que cualquier otro fue Andy Warhol y su pintura de Marilyn Monroe le ha convertido en el icono más famoso del arte pop.

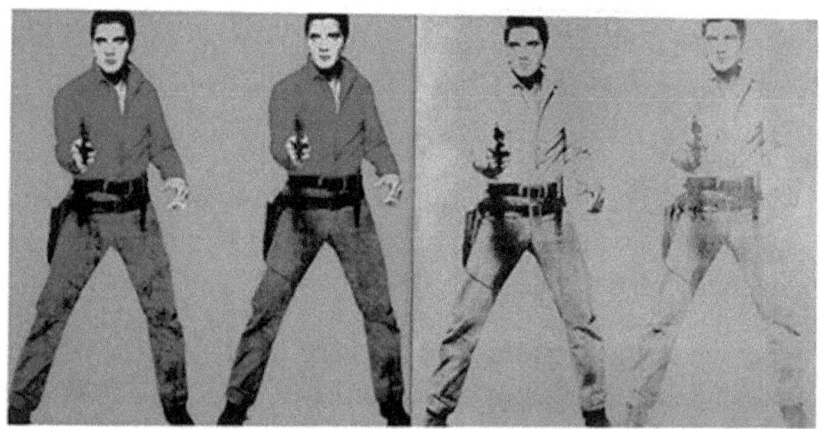

*Elvis I&II (1963-64) – Andy Warhol*

Warhol tenía una obsesión con la fama y el glamur de Hollywood y utilizó la serigrafía fotográfica para crear sus famosos retratos de Mick Jagger, Elvis Presley, Marilyn Monroe y Jacqueline Kennedy. El proceso que utilizó le permitió crear un gran número de copias y en realidad, utilizó un método de producción en masa para crear su obra de arte porque pensaba que las propias celebridades fueron producidas en masa.

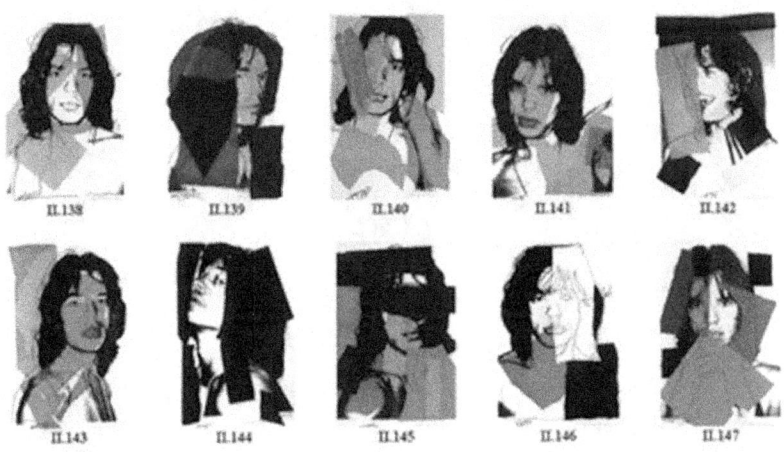

*Mick Jagger Suite of 10 (1975) – Andy Warhol*

Warhol trató de mantener su fascinación personal con la fama al mostrar muy claramente en sus obras de arte la popularidad y prefirió dejar que el significado interpretativo corriera a cargo de los espectadores. El movimiento pop y el papel de los medios de comunicación, fueron resumidos por Andy Warhol en esta famosa cita:

"En todo el mundo futuro seremos famosos durante quince minutos. Las revistas, la televisión, los periódicos y Hollywood están produciendo nuevas imágenes cada día, lo que significa que constantemente están agrandando la cultura popular. Todo lo que nos rodea es sólo una imagen lista para ser consumida. "

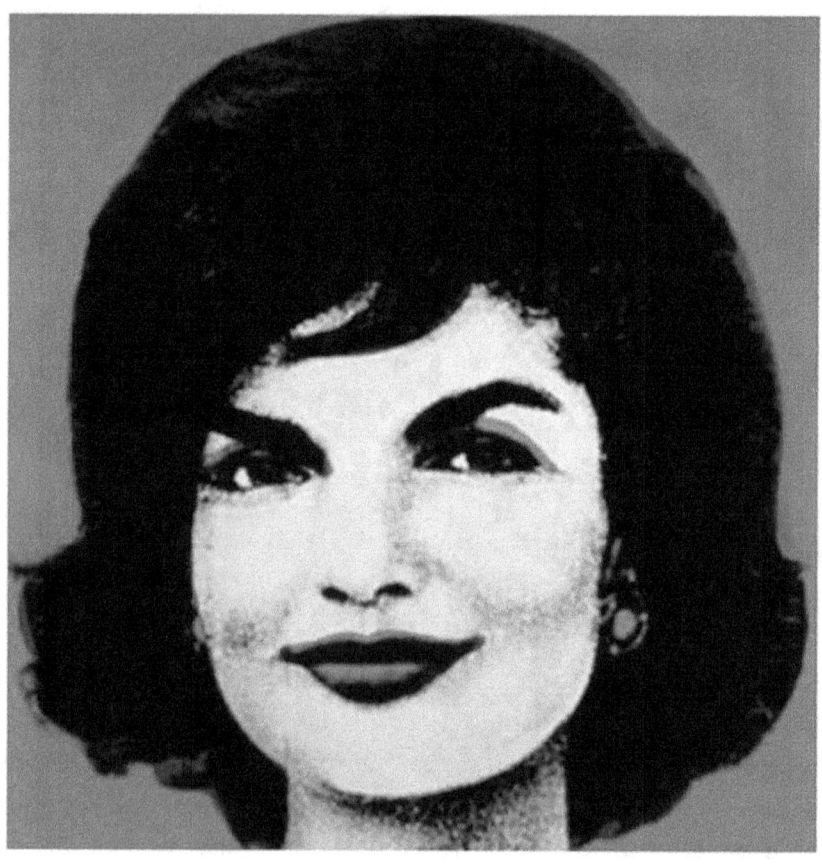

*Jackie (1964) – Andy Warhol*

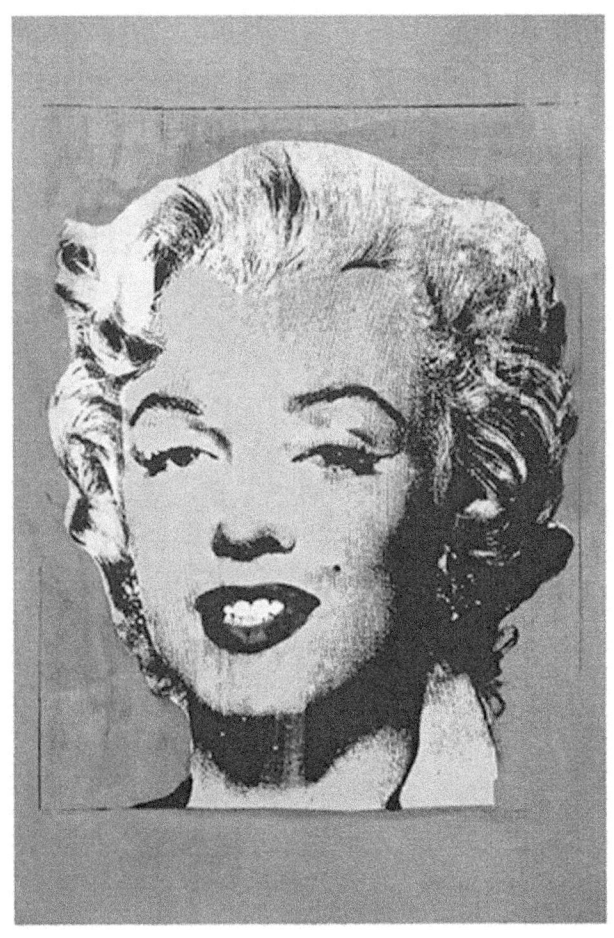

*Gold Marilyn Monroe (1962) –Andy Warhol*

Desarrolló la técnica de proyección de imágenes fotográficas a una pantalla de seda, a un lienzo, donde sin apenas realizar ningún boceto ni un encaje previo, le permitía producir patrones repetitivos dentro de la misma pieza con relativa rapidez.

Su sistema, imitando las fotografías quemadas en las cuales no existen los degradados, solamente el blanco y el negro puros, le permitieron hacer buenas obras con apenas esfuerzo.

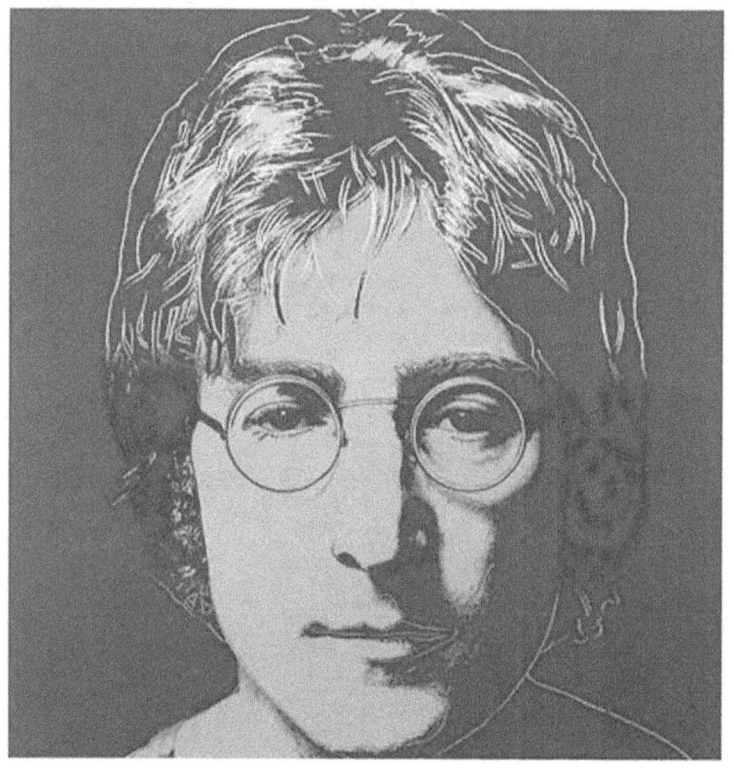

*Warhol/Lennon*

Sus trabajos típicos empleando los rostros de la gente famosa, los objetos de uso cotidiano (latas de sopa, billetes de dólar), escenas macabras de residuos de automóvil y hasta sillas eléctricas, fue un revulsivo inmediato para la sociedad norteamericana que necesitaba entender de arte, sin saber de arte.

También produjo películas experimentales, y ayudó a fundar la banda Velvet Underground, a quienes invitó a su estudio, The factory, y a sus eventos en Exploding Plastic Inevitable.

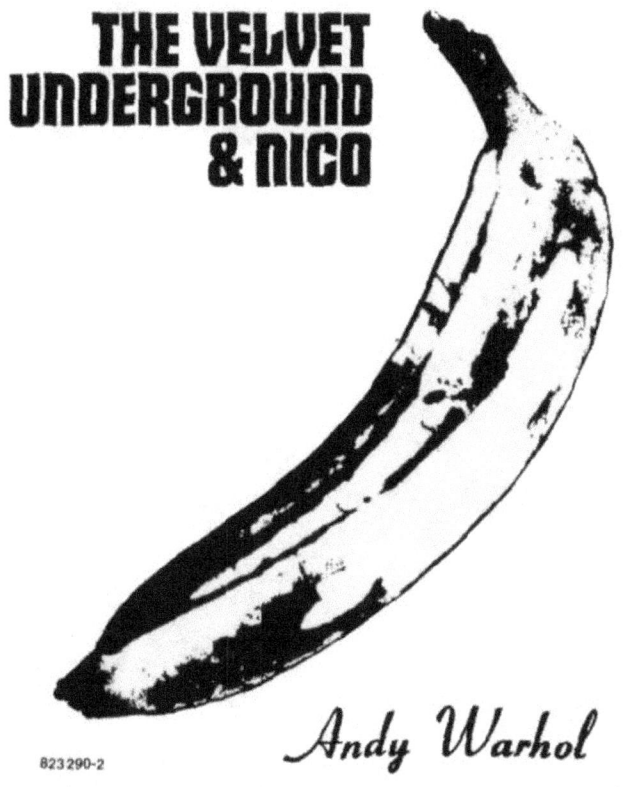

Su álbum debut de 1967, The Velvet Underground & Nico (junto con la cantante alemana Nico fallecida en 1988), fue nombrado el decimotercero Mejor Álbum de todos los tiempos y el más "profético álbum de rock jamás hecho" según la revista Rolling Stone de 2003. En 2004, Rolling Stone clasificó a la banda en el puesto 19 en la lista de los "100 Mejores Artistas de Todos los Tiempos", entrando en el salón de la Fama del Rock en 1996, junto a Patti Smith.

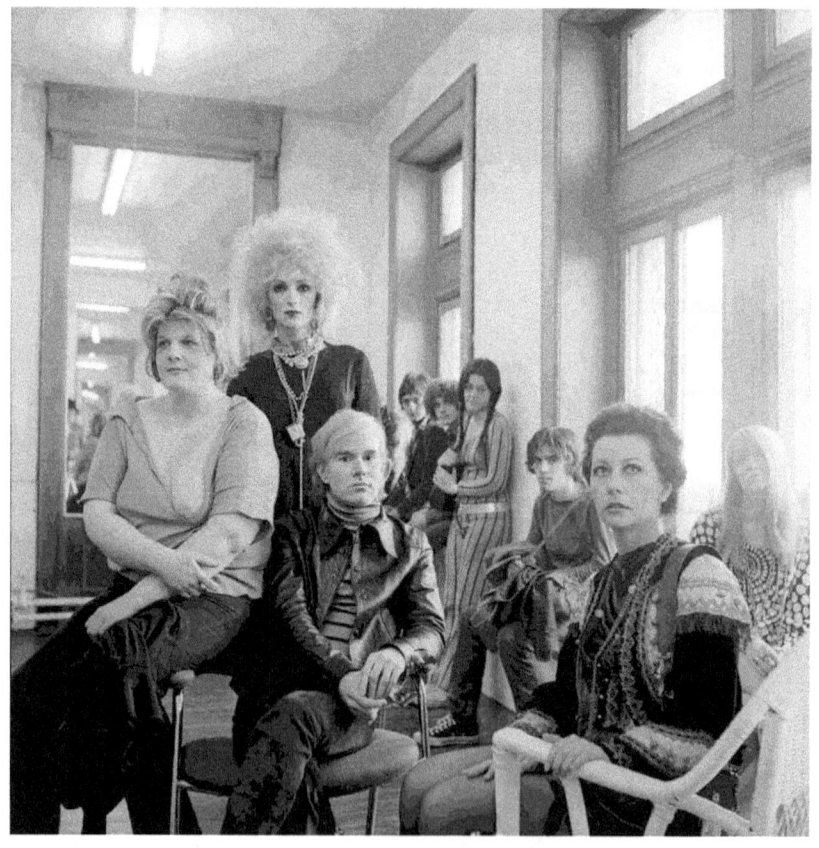

*The Factory*

Su estudio, "The Factory", era un centro social en la ciudad de Nueva York y funcionó desde 1962 hasta 1984, con tres lugares diferentes para su estudio: el quinto piso en el 231 East 47th Street, en el centro de Manhattan, el sexto piso del Edificio Decker en 33 Union Square West, y el 22 East 33rd Street. Allí sus trabajadores harían litografías y serigrafías, así como pruebas de cine.

La fábrica original fue denominada por sus visitantes frecuentes como la fábrica de plata por sus envoltorios de papel de estaño, pintura de plata, y también por los globos plateados que Warhol trajo y dejó flotando en el techo. Estaba decorada por el amigo de Warhol, Billy Name, cuyo apartamento estaba decorado de la misma manera.

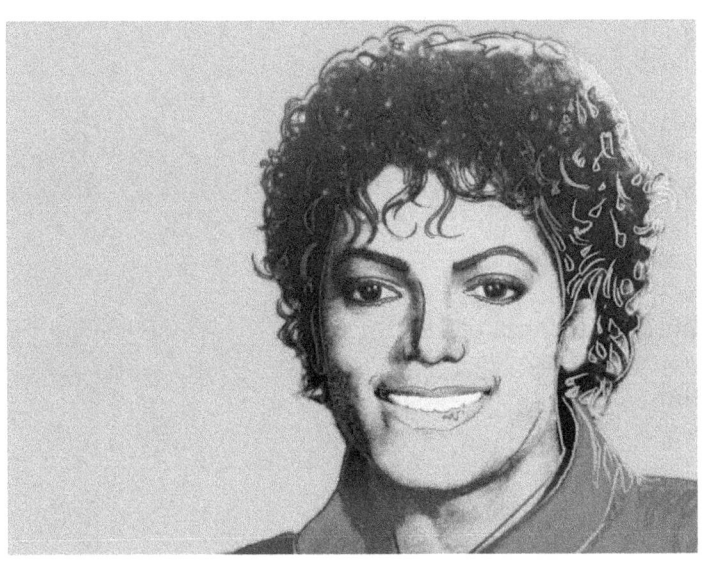

*Andy Warhol -Michael Jackson*

Las obras más importantes son:

Lastas de sopa Champbell (1962)

Marilyn Díptico (1962)

Hombres de su vida (1962)

Verdes botellas de Coca-Cola (1962)

Ocho Elvis (1963

36 tiempos (1963)

Dobles desastres (1963)

Elvis triple (1963)

Marilyn Shot (1964)

Silla eléctrica grande (1967)

Sombras (1979)

Camuflaje autoretrato (1986)

Coches (1986)

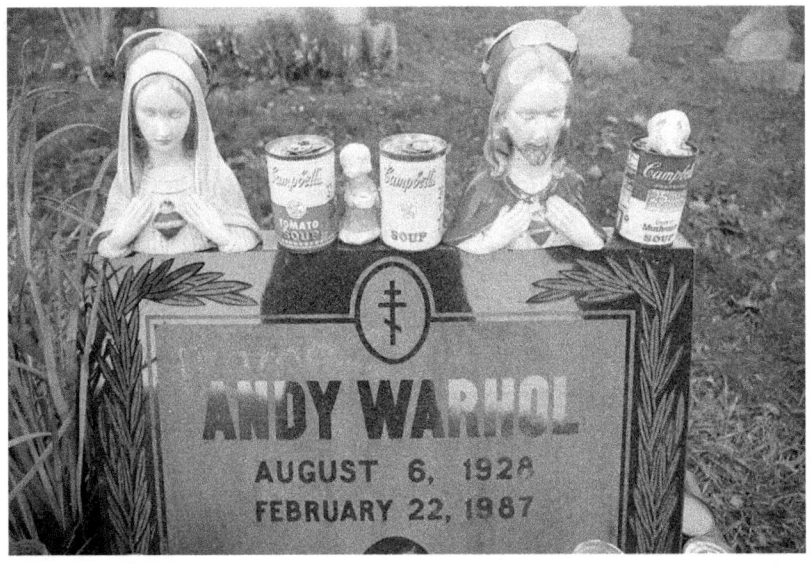

Warhol murió de complicaciones después de una cirugía de la vesícula biliar, quizá una manera poco habitual de morir un artista poco habitual. Como le aburrían las cosas aburridas, en su funeral de febrero de 1987 desarrollado en Nueva York, asistieron unas 2.000 personas, todas ellas muy originales en sus vestimentas.

## Claes Oldenburg (1929)

Claes Oldenburg fue el artista pop que se inclinó por la escultura más que cualquiera de sus contemporáneos. Al inicio de 1960 se vio involucrado en varios eventos espontáneos, improvisados, en manifestaciones artísticas donde la experiencia de los participantes era más importante que el producto final, buscando un tipo de encuentro del arte con los consumidores dentro de una cultura de consumo.

Oldenburg encontró su inspiración en las imágenes de las mercancías de consumo. En 1961 abrió la tienda donde vendía reproducciones en yeso de los alimentos rápidos, así como mercancía sacada de la chatarra cuyas superficies toscamente pintadas eran una obvia parodia del expresionismo abstracto. Utilizó el escaparate de la tienda "El Almacén" como una galería, mientras que trabajaba en su estudio de la trastienda.

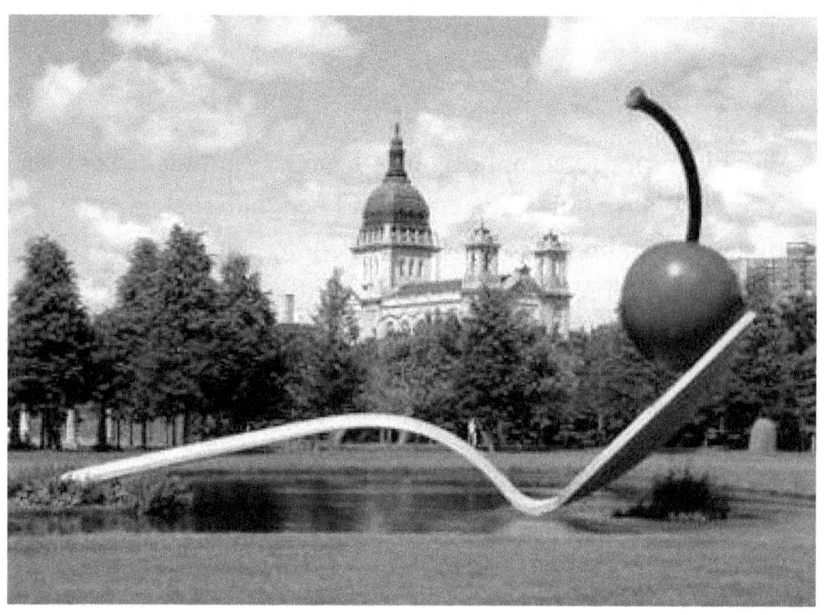

*Claes Oldenburg (Cereza Spoonbrigge)*

La obra de Oldenburg está llena de ironía humorística y contradicción: por un lado, hace que los objetos duros como un cuarto de baño se hundan creando una suave flacidez de vinilo, mientras que los objetos blandos como una hamburguesa con queso, los elabora de un duro yeso pintado. También cambió el tamaño relativo de los objetos mediante la incorporación de objetos pequeños como una cuchara y una cereza encima, y volver a crearlos a escala arquitectónica.

"Me gusta tomar un tema y privarlo de su función por completo."

Al socavar la forma, la escala y la función de un objeto, Oldenburg contradice su significado y obliga al espectador a reevaluar su presencia. Siempre que veamos sus obras públicas a gran escala en sus entornos ambientales, tendremos una poderosa calidad surrealista, tanto como la de Gulliver en el país de los enanos.

Es considerado como el principal escultor Pop Art, conocido por sus instalaciones cara al público, a menudo ofreciendo enormes réplicas de los objetos cotidianos, como hamburguesas y conos de helado. Trabajó en Nueva York desde 1956, alcanzando gran renombre.

Obras señaladas fueron: "Doble hamburguesa" (1962), así como su lápiz labial gigante erigido en la Universidad de Yale en 1969.

En la escultura del arte pop, Claes Oldenburg fue considerado uno de los representantes más importantes del movimiento, creando muchas obras públicas a gran escala. Una famosa obra, en colaboración con Coosje Van Bruggen, es la Spoonbridge y Cherry en Minneapolis.

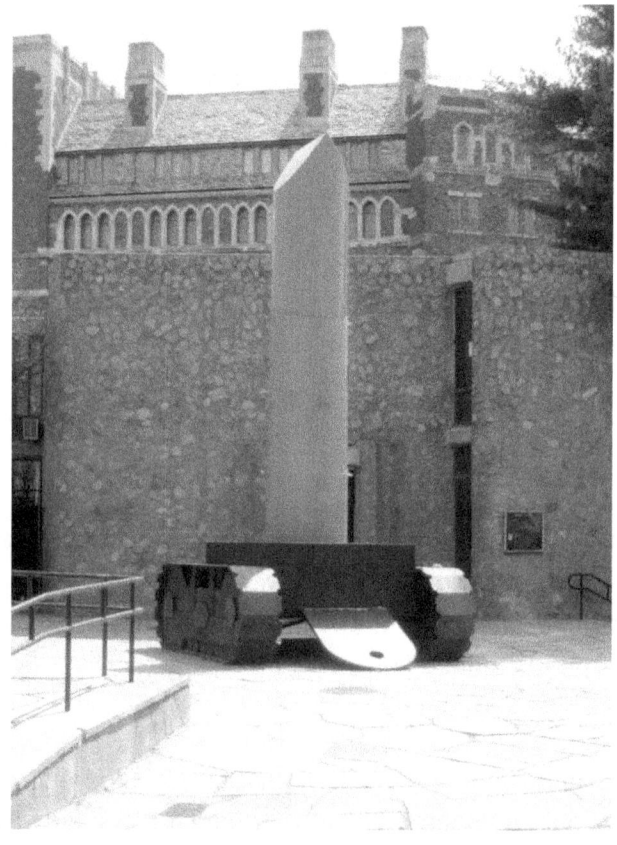

*Claes Oldenburg*

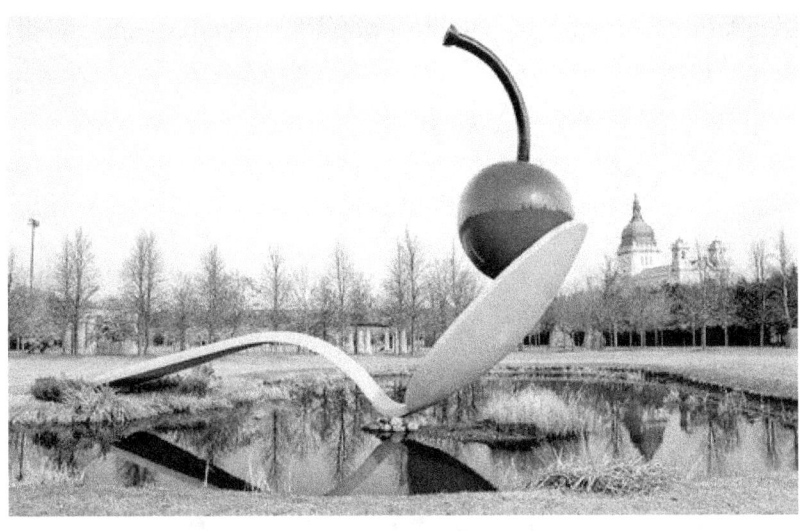

*Spoonbridge and Cherry –Claes Oldenburg y Coosje Van*

**Eduardo Paolozzi**

En 1952 apareció en Londres el Grupo Independiente (IG), que fue considerado el precursor del movimiento del Pop Art. En la primera reunión de la IG en 1952, el co-miembro fundador, el artista y escultor Eduardo Paolozzi, impartió una conferencia utilizando una serie de collages que había creado cuando estuvo en París, en el período desde 1947 hasta 1949. Esta serie de collages se compone de objetos encontrados accidentalmente, como personajes de cómic, publicidad, portadas de revistas y todo tipo de gráficos que representaban principalmente a la cultura americana. La primera obra de arte que incluye la palabra "pop" fue en "I was a Rich Man's Plaything", un collage de Paolozzi donde la palabra "pop" aparecía en una nube de humo que sale de un revólver.

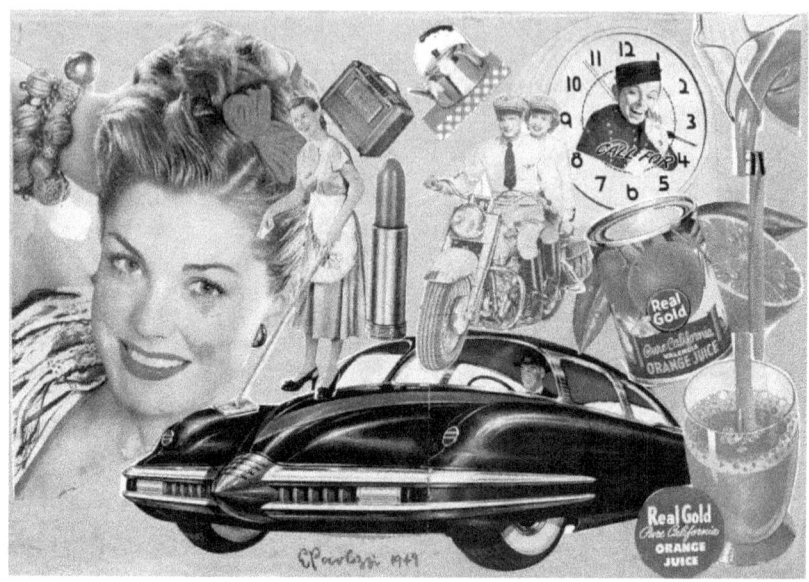

*Eduardo Paolozzi*

Fundador de la British Pop-art, estudió en el Colegio de Arte de Edimburgo (1943), la Escuela de Arte de San Martín (1944), y en la Slade School of Art (1944 a 1947), antes de trabajar en París, Francia (1947 -1949). Su collage "Yo era el juguete de un hombre rico" (1947) data de este período parisino. De vuelta en Londres, trabajó con esculturas, construcciones, collages y litografía, con un estilo surrealista en gran medida, empleando una amplia variedad de objetos y materiales. Fue el fundador líder del Grupo Independiente en 1952.

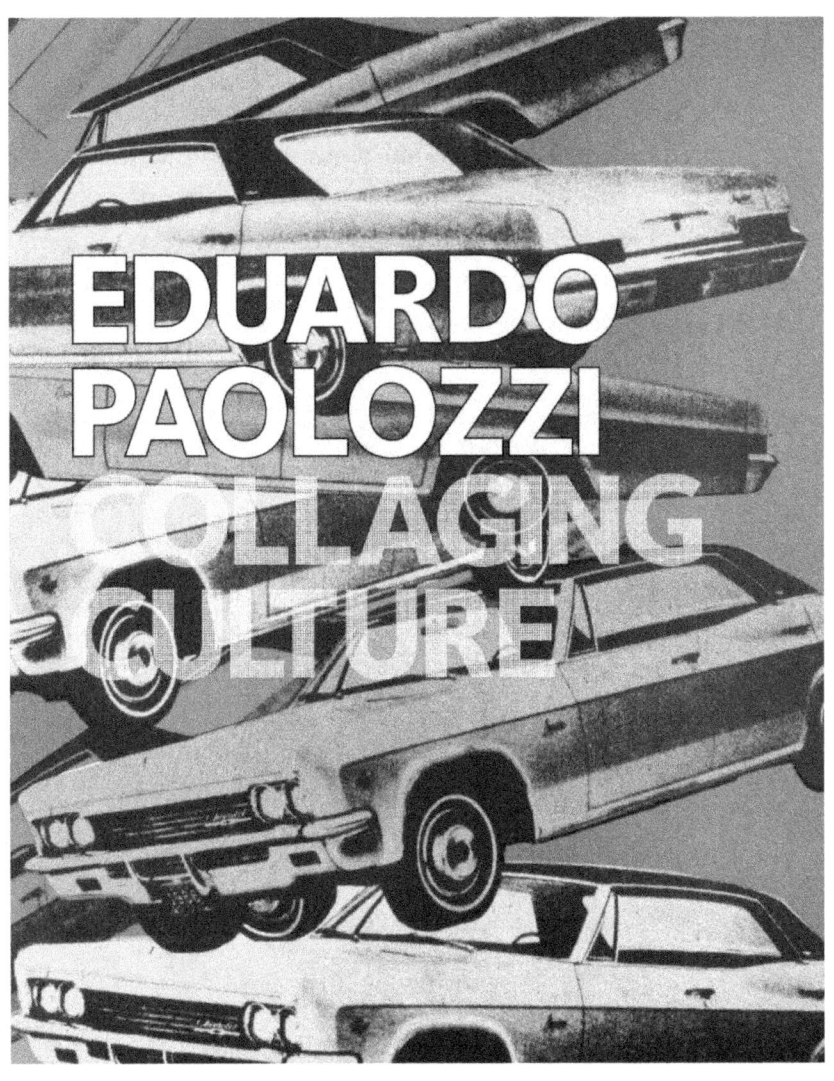

*Eduardo Paolozzi*

**Edward Hopper**

Otro artista que pudo haber tenido un impacto en el Pop art, es Edward Hopper (1882- 1967) un pintor realista que mostraba la vida urbana americana. Aunque su estilo pictórico es muy diferente al de la mayoría de las obras Pop Art, era muy respetado por los nuevos artistas, ya que reflejaba con sencillez la vida cotidiana.

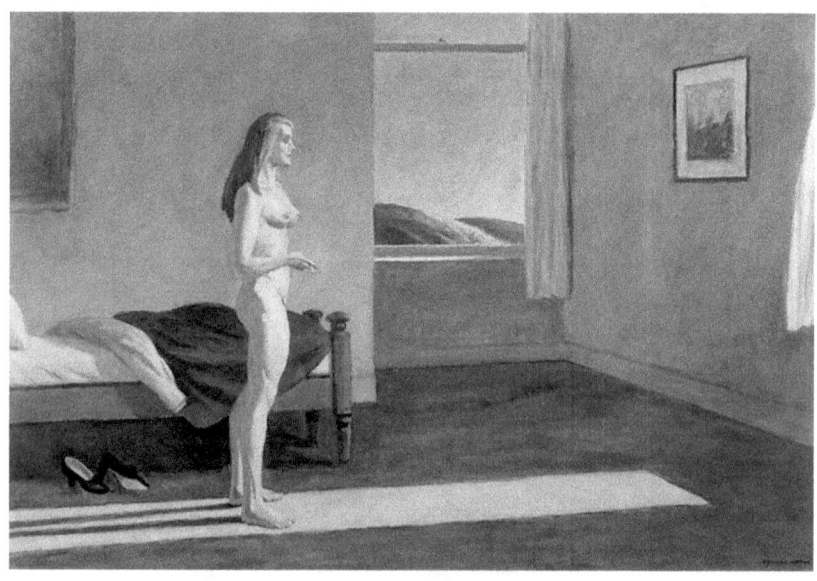

*Edward Hopper*

**Edward Ruscha** (1937)

Nacido en Oklahoma pero estudiante en Los Ángeles, Ruscha formó el Instituto Chouinard Art (ahora el Instituto de las Artes de California), donde trabajó hasta 1960, pasando a ser diseñador para la Agencia de Publicidad Carson-Roberts en Los Ángeles. En 1962, sus pinturas aparecieron junto a otros artistas en un espectáculo innovador en el Museo de Arte de Pasadena. Sus obras más importantes, generalmente repeticiones de vallas publicitarias y estaciones de gasolina, son: "Gran Marca con ocho proyectores", "Estación Estándar, Amarillo, Texas" y "Gas". Desde mediados de la década de 1960, se hizo conocido por sus pinturas de letras (Word).

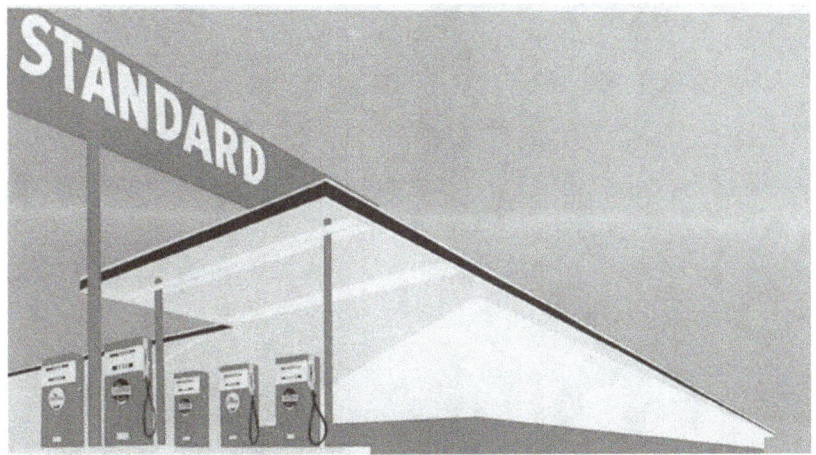

*Edward Ruscha*

## Gustave Courbet

La integración de las bellas artes con la cultura popular en los carteles, afiches, envases y anuncios impresos, comenzó mucho antes de la década de 1950 y pudiera ser Gustave Courbet quien con su obras realistas de 1855, buscó llegar al gusto popular mediante la inclusión de una serie de impresiones de bajo costo llamadas *Imagerie d'Épinal* que contenían escenas inventadas que deberían servir para que todo escolar conociera la vida de la calle, los militares y los personajes legendarios.

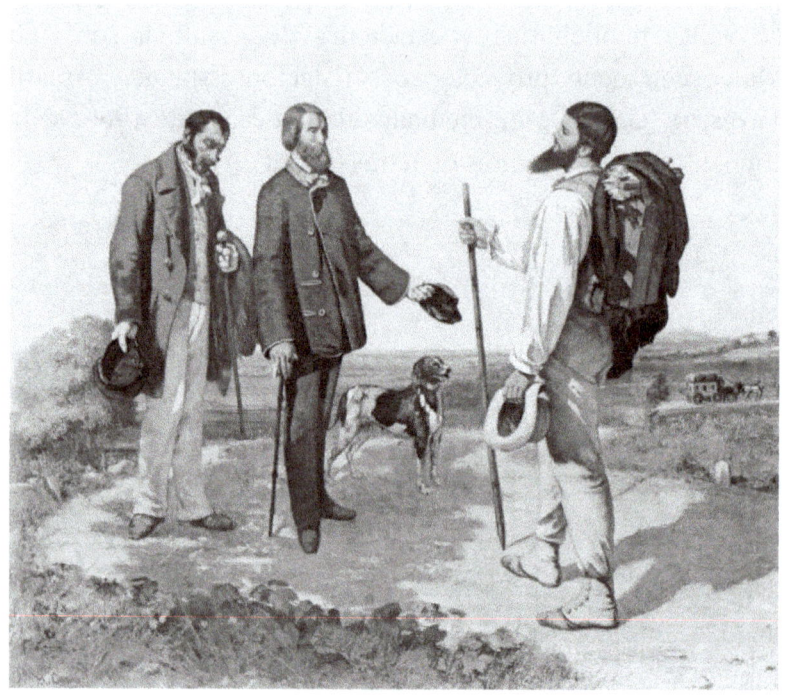

*Gustave Courbet*

Era la primera vez que el arte llegaba a la calle, incluso a los suburbios y es posible que su trabajo sirviera de inspiración a Monet, Picasso y Cèzanne, quien dijo: "Su gran aportación es la introducción lírica de la naturaleza, del olor de las hojas mojadas, de las paredes musgosas del bosque, en la pintura del siglo XIX. ¡Y la nieve; ha pintado la nieve como nadie!".

## Jasper Johns (1930)

Junto con Rauschenberg, Johns fue uno de los pioneros del Pop Art durante la década de 1950. Entre Carolina del Sur a Nueva York en 1949, se hizo conocido por sus pinturas que muestran la bandera de los Estados Unidos (más patriotismo imposible), así como otras imágenes gráficas estándar como dianas y números. También se inclinó por la pintura encáustica, una técnica de pintura que se caracteriza por el uso de la cera como aglutinante de los pigmentos. La mezcla -que se aplica con un pincel o con una espátula caliente-, permite el pulido con trapos de lino sobre una capa de cera caliente previamente extendida.

Las primeras obras de arte de Jasper Johns cuestionan cómo vemos, percibimos y hacemos arte. Él no hace distinción entre sujeto y objeto en su trabajo, o el arte y la vida, pongamos por caso. A sus ojos, son la misma cosa. Johns cree que no debemos mirar a una pintura como representación o una ilusión, sino como un objeto con su propia realidad. Al igual que los precursores del arte pop británico, Johns fue influenciado por las ideas dadaístas, en particular, los "ready mades" (objetos encontrados o, ya lo he visto) de Marcel Duchamp, cuyos bastidores y ruedas de bicicleta, desafiaron la definición del objeto de arte.

Sin embargo, no fue los "objetos encontrados" lo que Johns introdujo como tema de sus pinturas, sino imágenes como las banderas, dianas, letras y números, siendo esta iconografía de signos familiares lo que mejor representaba el Pop.

Johns proporcionaba un antídoto a la abstracción personal del expresionismo abstracto. Su uso de iconos neutros le ofrecían temas que eran inmediatamente reconocibles, pero tan comunes que le dejaban libre para trabajar en otros niveles.

Johns pintó en encáustica  mezclada con collage de periódicos para crear pinturas sugerentes donde una marca articula la superficie de la obra. Su fascinación por la unidad general del plano de la superficie en una imagen, lo coloca en una tradición que se remonta a través de cubismo hasta Cézanne y Chardin.

Después de sus imágenes de la bandera, comenzó a incorporar objetos reales en sus pinturas y también trabajó la escultura. Enclavado dentro de los artistas del Pop Art, asumió las ideas de Duchamp -como la parodia, la paradoja y las contradicciones-, y hubo quien por todo ello le enclavó mejor en el Neo-Dadaísmo.

Con el paso del tiempo exploró varios otros medios de expresión, incluyendo la serigrafía y el huecograbado, así como la litografía. En 1998, el Metropolitan Museum of Art de Nueva York pagó 20 millones de dólares por su obra "*White Flag*", mientras que en 2006, su obra "False Start" fue comprada por coleccionistas privados en 80 millones de dólares, la pintura más cara de un artista vivo.

Fue un intelectual con un astuto sentido del humor, y aunque mundialmente alcanzó renombre  por sus pinturas de banderas, también lo fue por la inserción de objetos reales (como pinceles y bombillas) en sus obras.  También trabajó en la escultura y, más ampliamente, el grabado. Con el tiempo ha seguido trabajando y está permanentemente en la lista de los 10 mejores artistas vivos más caros.

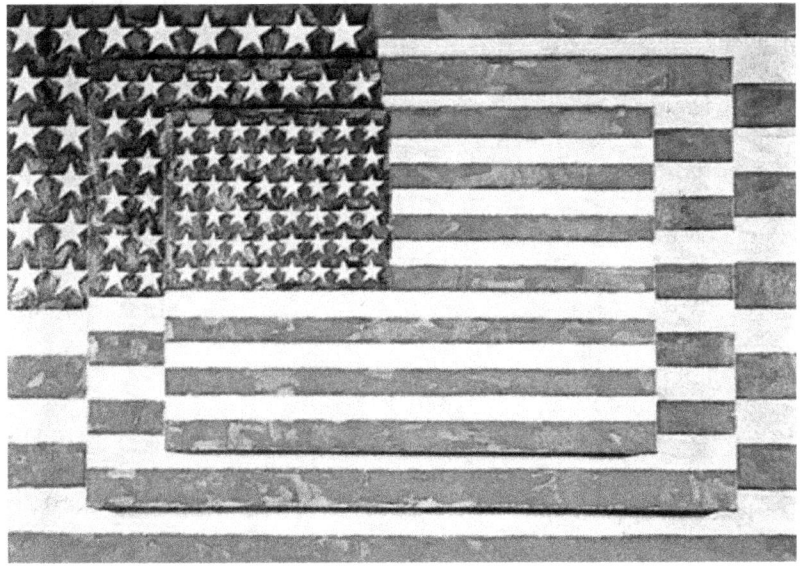

*Three Flags -Jasper Johns*

El estilo de Johns queda perfectamente ejemplificado por el gran monocromo *White Flag* de 1.955. Esta pintura fue precedida por una versión de color rojo, blanco y azul, *Flag* (1954-55; Museo de Arte Moderno, Nueva York), y seguida por numerosos dibujos y grabados de banderas en diversos medios. En 1958, Johns pintó *Three Flags* (Whitney Museum of Art, Nueva York), en el que tres lienzos se superponen unos a otros en lo que parece ser una perspectiva inversa, proyectando hacia el espectador. En estas obras rompió con el precedente del expresionismo abstracto de la pintura no objetiva con su representación de un objeto cotidiano reconocible -la bandera americana-, elaborada en una superficie dinámica formada por trozos de papel de periódico mojado en encáustica -con fragmentos de texto todavía visibles a través de la cera-, en lugar de la pintura de aceite aplicada a la lona con un cepillo. A medida que la cera pigmentada se enfriaba, los trozos de periódico evocaban la pincelada de los expresionistas abstractos.

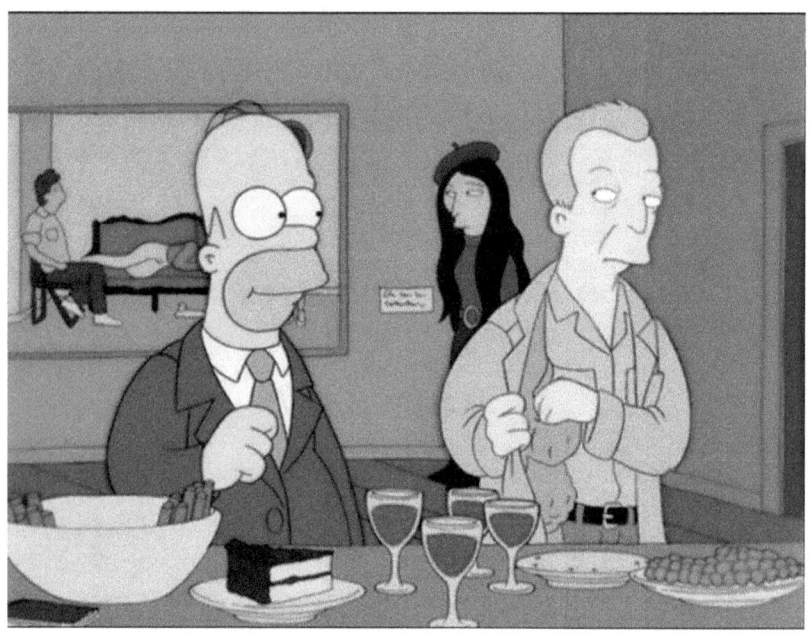

*Cameo de Jasper Johns en la serie Los Simpson*

En lugar de la representación directa o la abstracción, Johns hizo de los signos, como banderas y dianas, las principales imágenes de sus obras. Las "cosas de la mente, ya sabe" era su tema ideal debido a la gran cantidad de variados significados que cada uno llevaba consigo. Esto fomentó una forma ambigua de percibir sus obras.

Sus temas le proporcionaron una estructura sobre la que se podría explorar las cualidades visuales y físicas del medio, y los resultados fueron un cuidadoso equilibrio entre la representación y la abstracción.

*False Start -Jasper Johns*

El hecho de que pintara en encáustica y lo mezclara con el collage de periódicos, le permitió crear una extensión en la forma de seducir con su pintura. Su fascinación por la unidad general del plano en la superficie de una imagen, lo coloca en una tradición que se remonta a través de cubismo con Cézanne.

El arte de Johns juega con ideas visuales que tienen capas de significado y se comunican en varios niveles. Es a la vez sensual y cerebral -un arte dentro del arte- y la forma en que nos relacionamos con él.

En la década de 1960 realiza conjuntos, integrando en sus paneles objetos reales o moldes de las partes del cuerpo. Su gama de elementos se expande durante el año siguiente, y sus obras se vuelven cada vez más complejas y, llenas de detalles alusivos a eventos privados o de la historia del arte.

Además de pinturas, la obra de Johns comprende ensamblajes, esculturas y obras gráficas de alta calidad, mostrando sus obras en exposiciones "documentales" 3, 4, 5 y 6.

En 1988 se le concede el Gran Premio de Pintura en la Bienal de Venecia. En 1989 es nombrado miembro honorario de la Royal Academy de Londres, y el Museo de Arte Moderno de Nueva York mostró una gran retrospectiva en 1996.

Jasper Johns vive y trabaja en Nueva York, y durante algún tiempo también en la ciudad francesa meridional de San Martín.

**James Rosenquist** (1933)

Nacido en 1933 en Dakota del Norte, Rosenquist se formó en la Escuela de Arte de Minneapolis y después en la Universidad de Minnesota, trasladándose a Nueva York para estudiar en la Art Students League. Se especializó en pinturas de gran tamaño, mezclando la publicidad con imágenes románticas, pues su pretensión era producir una sensación de discontinuidad y mostrar la irracionalidad de la vida moderna. Una obra muy reconocida fue su pintura denominada "F-111" (1965), que ocupaba toda una pared.

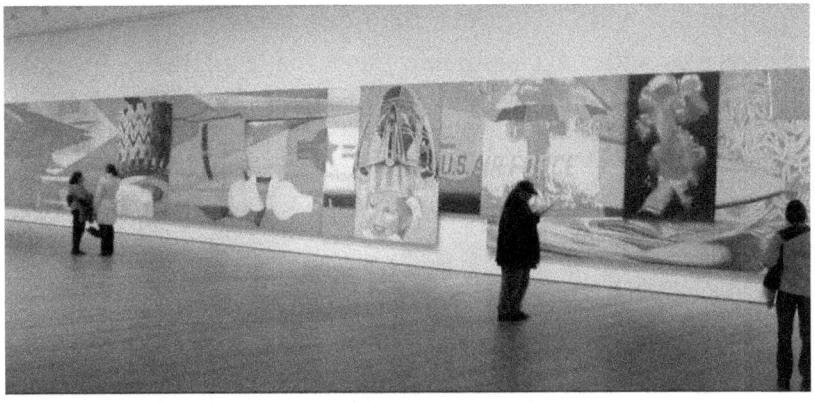

*F-111 -James Rosenquist*

Rosenquist dijo que lo hizo en airada reacción a la política exterior estadounidense en Vietnam, una afirmación que nunca ha cuadrado con la utilización fetichista del instrumento elegante y mortal con el cual ha denominado su obra.

"Más que un trabajo serio de protesta, "F-111" siempre me ha parecido patriótico, un saludo irónico del poderío nacional y saber hacer. Después de todo, la bomba atómica fue una invención americana."

"La pintura es probablemente mucho más emocionante que la publicidad, así que ¿por qué no nos hacemos con ese poder, con ese impacto?

Al igual que otros artistas pop, Rosenquist está fascinado por las imágenes comerciales y cotidianas. También entiende el poder de la utilización de la publicidad "una de las cosas más grandes que tiene la vida", algo que tuvo que hacer en ocasiones para ganarse la vida. Su siguiente paso fue explorar el potencial artístico de las carteleras y la fotografía.

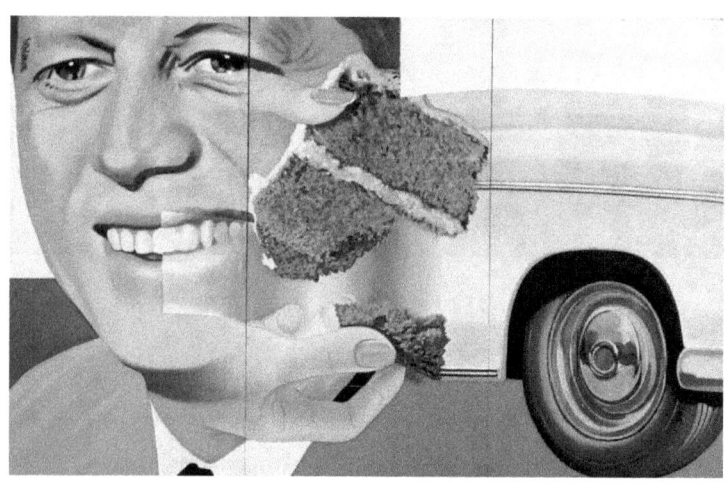

*James Rosenquist*

**Jim Dine** (1935-)

Jim Dine fue un exponente del estilo Neo-Dada y Pop Art, especializado en collages, "ready mades" y happenings, donde el espectador participa activamente.

En 1962, fue incluido, junto con otros artistas famosos, en la exposición importante del Pop art en Pasadena. Durante la década de 1960 Dine produjo una serie de obras de arte utilizando los elementos y las imágenes de la cultura pop, a veces recurriendo al sensacionalista Dadá, como en su caso la exposición "Cantares del pene", que fue cerrada por la policía en Londres por ser indecente.

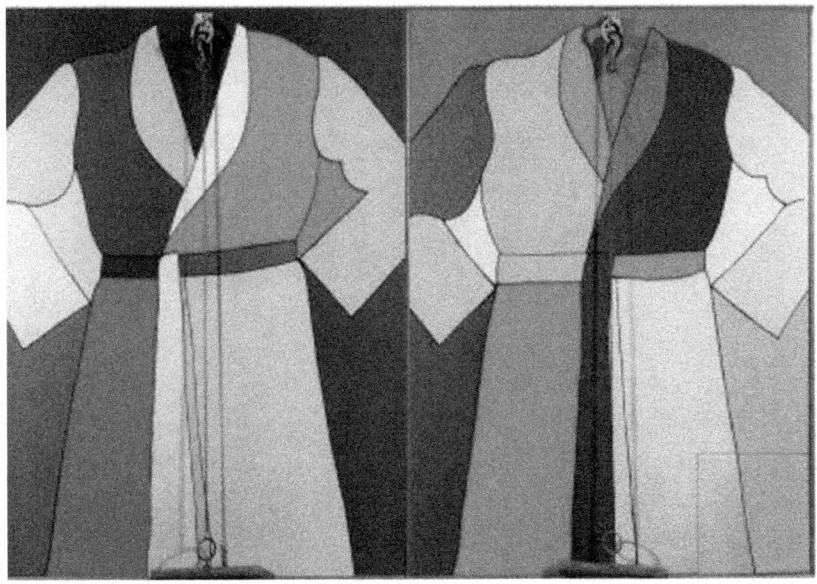

*Jim Dine*

## Man Ray

Legendario fotógrafo, pintor y creador de objetos y películas, Man Ray está entre los artistas más versátiles e innovadores del siglo XX. Nacido en Filadelfia en 1890, conoció los mundos de Greenwich Village en la era vanguardista siguiendo las tendencias de la Armory Show de 1913.

En el París de los años 1920 y 1930, Man Ray jugó un papel clave en el dadaísmo y los movimientos surrealistas. Posteriormente en el Hollywood de la década de 1940, junto a otros artistas perseguidos por la guerra en Europa, se hicieron notar, aunque retornó a París donde murió en 1976. Man Ray, destacó por su trabajo fotográfico en el que experimentó con todas las posibilidades técnicas para crear nuevas formas, así bautizó a estas obras con su propio nombre, "rayografías".

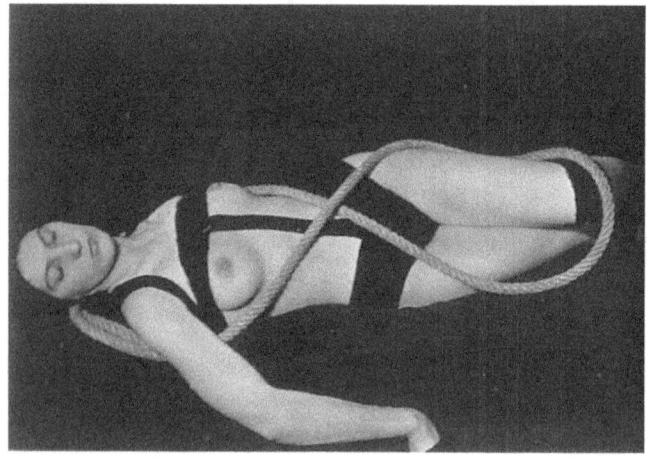

*Man Ray*

## Marcel Duchamp

Marcel Duchamp fue un hombre de gran humor e ingenio, que siempre desafió el convencionalismo. Es mejor conocido por la introducción del objeto ready made (o "encontrado") en las artes visuales, siendo co-fundador Dadá y ligado a los surrealistas.

Quizá su mayor contribución, sin embargo, es que casi sin ayuda cambió el enfoque del arte lejos de lo estrictamente visual, buscando un enorme impacto mental.

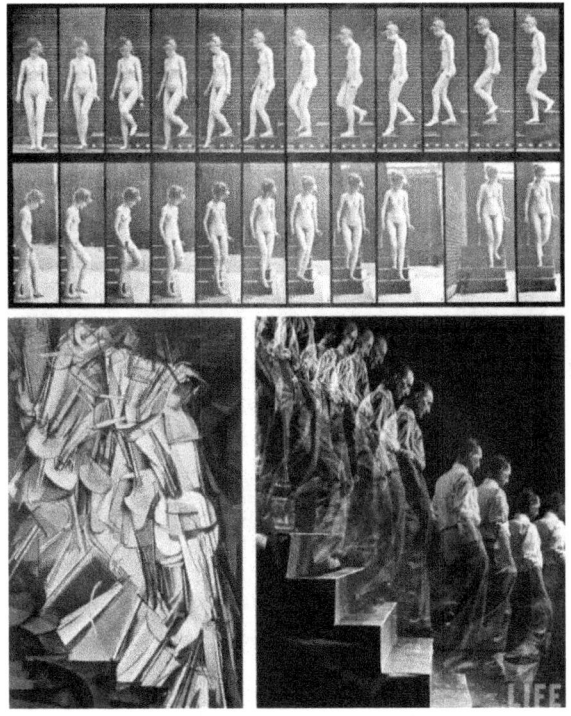

*Marcel Duchamp -Desnudo bajando una escalera*

Marcel Duchamp empujó la estratagema consumista de Picasso aún más mediante la introducción del objeto real fabricado en serie en la exposición: un botellero, una pala de nieve, un urinario volteado. Objetos a los que denominó como ready mades, una expresión anti-arte que pertenecía al movimiento dadaísmo, aunque sus creadores preferían mencionarse como un no-movimiento.

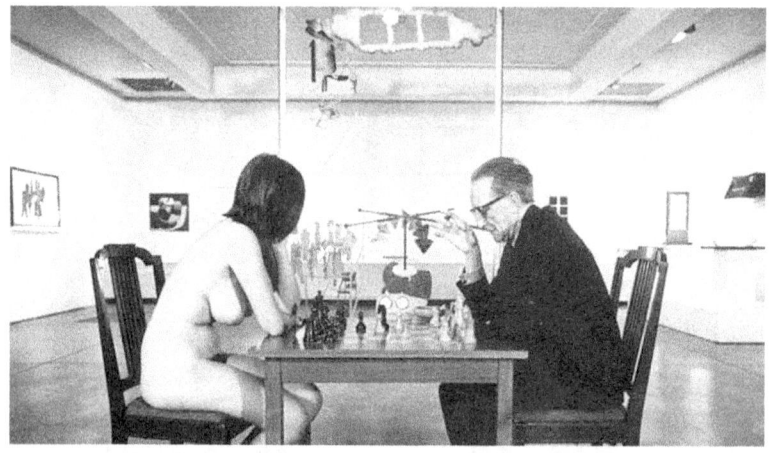

*Duchamp con su musa*

Duchamp indudablemente quería a toda costa notoriedad y no ser criticado por su escasa formación artística, por lo que más bien insistía en que las academias de arte no eran necesarias para aprender arte, ni mucho menos para ser un buen artista. Así que los museos pusieron sus obras artísticas que a priori no merecían estar allí, pero que consiguió que las personas acudieran a verlas. Contra todo pronóstico, fue apoyado por muchos artistas, los buenos y los malos.

Así que sus postulados eran claros y provocadores: para crear no se necesita saber, solamente crear. El absurdo había llegado y en ello estamos.  Y eso era aplicable, no sólo a la pintura, sino también a la poesía, la literatura o la música. La obra que supuso su ascenso a la fama es ese urinario puesto al revés en un pedestal al que tituló "La fuente".

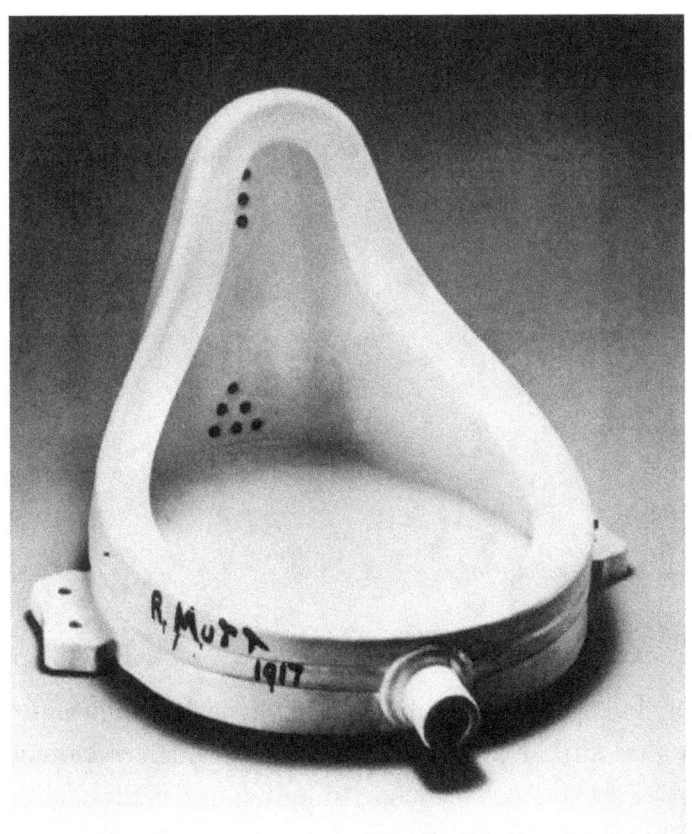

*Marcel Duchamp -La fuente*

**Richard Hamilton**

En 1957 el artista pop Richard Hamilton enumeró las características del arte pop en una carta a sus amigos la arquitectos Peter y Alison Smithson: "Es popular (diseñado para un público de masas), transitorio (solución a corto plazo), consumible (fácil de olvidar), de bajo coste, producido en masa, joven (dirigido a la juventud), ingenioso, atractivo, efectista, glamuroso y un gran negocio".

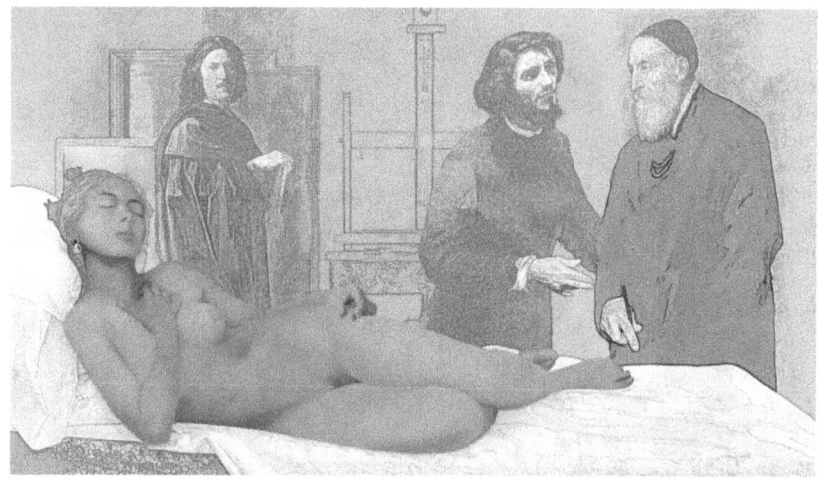

*Richard Hamilton*

Fallecido en 2011, fue dibujante publicitario, delineante y llegó a estudiar en la Royal Academy of Art londinense, durante dos años. En los años cincuenta, influido por Cézanne, el cubismo y el futurismo, fundó el Instituto de Arte Contemporáneo de Londres. Más adelante conoce en Cadaqués a Dalí, y en 1968 fue el diseñador de la cubierta del *White Album* de The Beatles.

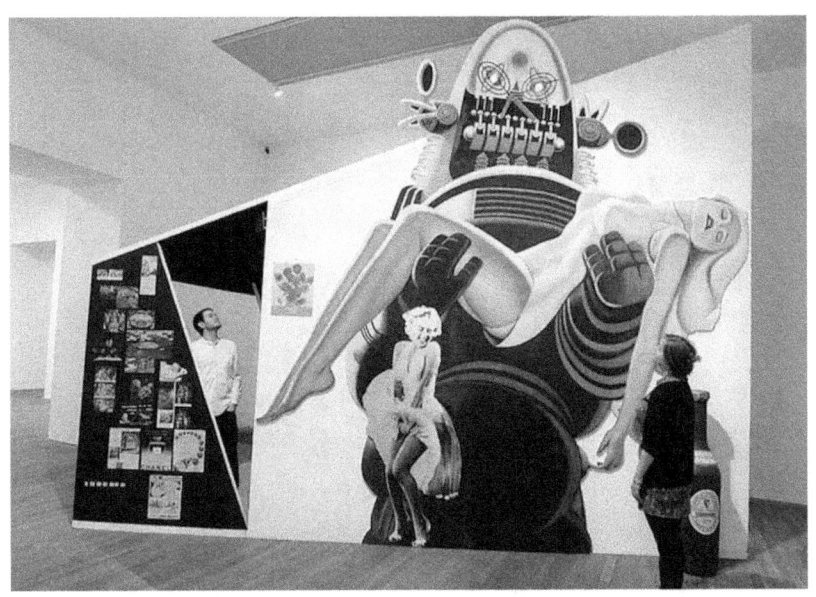

*Richard Hamilton*

En 2007 la ciudad de Frankfurt le otorgó el Premio Max Beckmann y al año siguiente le fue concedido el Praemium Imperiale de Pintura.

Los libros de Arte tienden a afirmar que la persona más influyente del Pop Art fue Richard Hamilton, quien con su cuadro *¿Qué es lo que hace el hogar de hoy tan diferente y tan atractivo?* (1956) un collage de 26x25, mostró un incisivo y polifacético discurso iconográfico que obligaba a la reflexión y a la crítica sobre las apetencias de los hogares modernos de entonces.

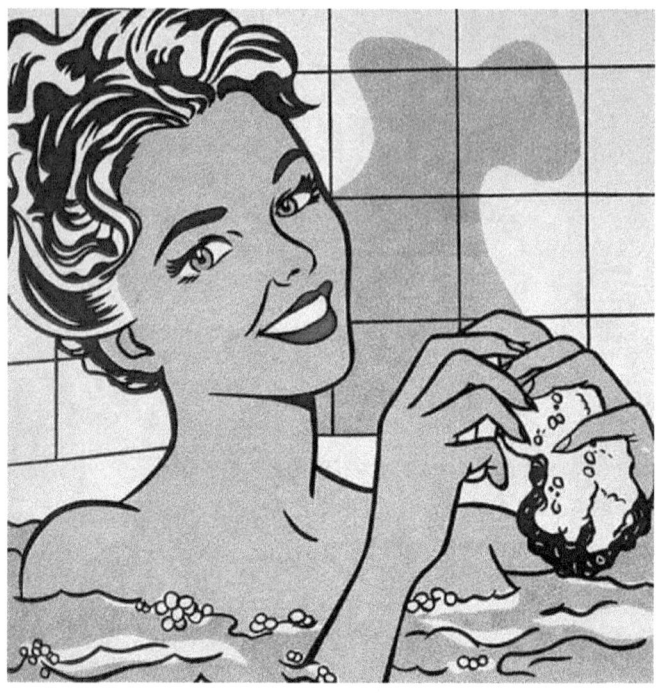

*Richard Hamilton*

La sociedad de consumo le fascinaba, y trató de mostrar la frágil frontera entre lo culto y lo natural, lo espontáneo y lo reflexivo, lo figurativo y lo abstracto. El collage "This Is Tomorrow" en la White chapel Art Gallery, supuso el inicio oficial del movimiento independiente. En este sentido, hay que prestar especial atención a la influencia que ejerció sobre su obra Marcel Duchamp, un artista y ajedrecista que siempre tuvo como referente y del que incluso llegó a reconstruir una de sus piezas más emblemáticas: *El gran vidrio,* aclamada por los surrealistas.

## Robert Indiana

Otra figura destacada del movimiento pop fue Robert Indiana. Se denominaba a sí mismo un pintor de carteles, incorporando símbolos, signos y letras a través de su arte. Creó poemas, esculturas, pinturas, serigrafías y carteles. Su escultura más famosa se llama "Love" y fue concebida en un momento en que Estados Unidos estaba inmerso en la guerra de Vietnam y era más un símbolo de la paz, así como una de las obras más celebradas dentro del movimiento del arte pop en todo el mundo.

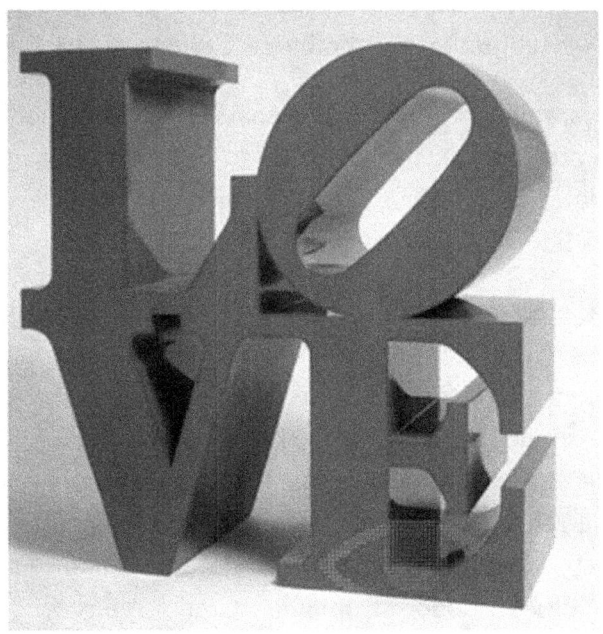

*Love – Robert Indiana*

Pintor, escultor y grabador, es asociado frecuentemente con el Pop Art aunque él siempre dijo que prefería llamarse a sí mismo un "pintor de carteles".

Nacido como Robert Earl Clark el 13 de septiembre de 1928 en New Castle, Indiana, pronto se cambió voluntariamente su nombre por el de "Robert Indiana", pues consideró que se refería más exactamente a él y sus pinceles. Nómada a la fuerza, aseguró que vivió en más de 20 casas diferentes en el Estado de Indiana antes de cumplir los 17 años. También sirvió en el Ejército de los Estados Unidos durante tres años, antes de asistir al Instituto de Arte de Chicago, a la Escuela Skowhegan de Pintura y Escultura, y al Edimburgo College of Art.

Indiana se mudó a Nueva York en 1956 y rápidamente se ganó un nombre por sí mismo con su estilo *hard edge* y sus ensamblajes escultóricos, llegando a convertirse en uno de los primeros líderes del movimiento del Pop Art.

En 1964, creó una señal de 20 pies "EAT" para la Feria Mundial de Nueva York que se hizo de luces intermitentes. Dos años después, en 1966, comenzó a experimentar con la palabra "love" y la imagen de las letras dispuestas en un cuadrado, con "LO" y "VE" en la parte superior, las letras bailando, y con la "O" inclinada sobre un lado. Pronto este diseño apareció en muchas pinturas y esculturas, la mayoría de las cuales aún se pueden ver hoy en día en todo el mundo. Como referencia, hay que mencionar que la primera escultura "amor" se hizo para el

Museo de Arte de Indianápolis en 1970 y posteriormente en más de 30 ubicaciones en todo el mundo.

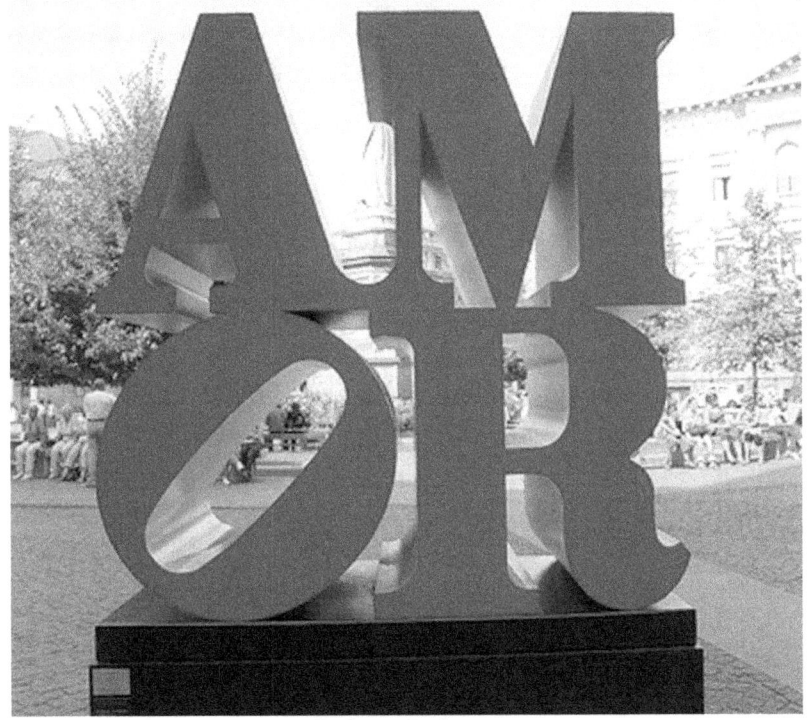

*Robert Indiana*

Con el tiempo ha sido conocido también por las pinturas y esculturas de letras y números, habiendo efectuado trabajos con palabras cortas, incluyendo COMER, ABRAZO, y AMOR.

En 1973, las letras "LOVE" era una de las imágenes más ampliamente distribuidas, buena muestra del Pop Art y hay quien asegura que ganó 300 millones de dólares, entrando a formar parte de la literatura y el arte americano. Además de las pinturas y esculturas, también colaboró en el filme "Comer" con Andy Warhol. El filme tenía una duración de 45 minutos y fue filmado un domingo, 2 de febrero 1964, en el estudio de Indiana. La película fue presentada por primera vez por Jonas Mekas el 16 de julio de 1964 en la Galería Washington Square en el 530 de West Broadway. "Comer" está filmado en blanco y negro, no tiene banda sonora, y representa a Indiana involucrado en el proceso de comer durante toda la longitud de la película. La comida que se consume es aparentemente un hongo. Por último, hay una breve aparición de un gato.

Más recientemente, volvió a introducir la imagen icónica "amor", reemplazándola por la palabra "esperanza", recaudando más de 1.000.000 de dólares para la campaña presidencial de Barack Obama en 2008.

Como obras más importantes están:

*The Calumet, 1961*

*Figure 5, 1963*

*The Confederacy: Alabama, 1965*

*LOVE series, 1966*

*The Seventh American Dream, 1998*

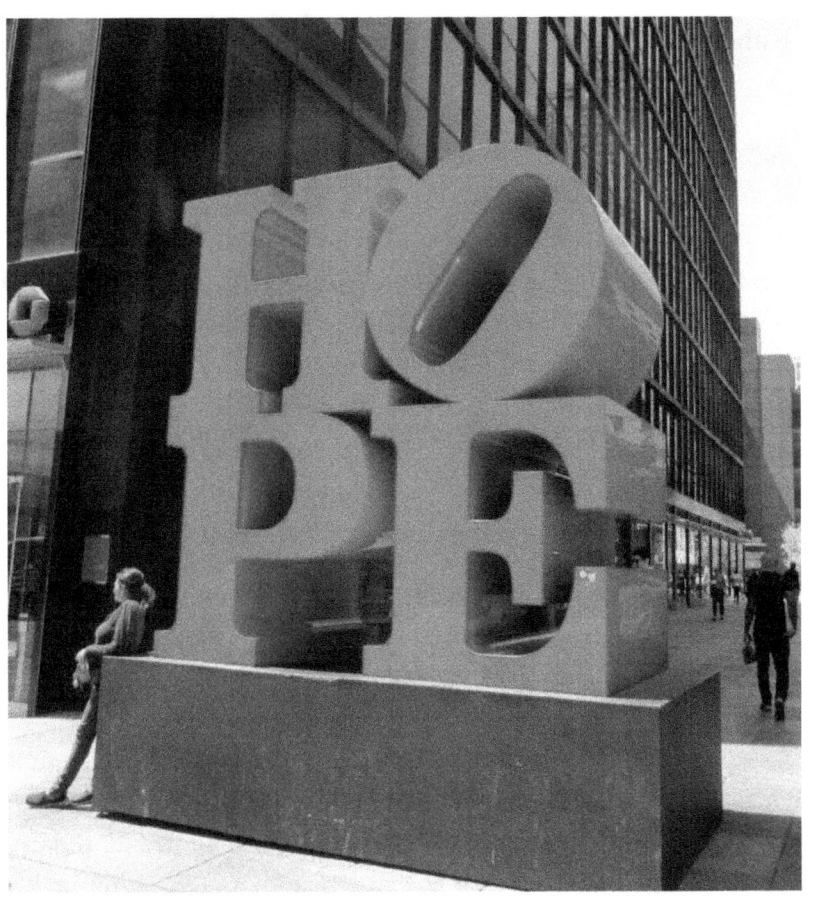

*Robert Indiana*

## Robert Rauschenberg (1925-2008)

Se le considera uno de los líderes del Neo-dada y, por tanto, anexo al Pop Art. Estudió en Black Mountain College en Carolina del Norte, y en 1951 tuvo su primera exposición individual en la Betty Parsons Gallery, y posteriormente en Galería Charles Egan. Es conocido por su técnica de ensamblaje artístico o "Pintura Combinada", que consiste en utilizar materiales no tradicionales mezclados para lograr una combinación innovadora. Se dice que recogía sus materiales en la basura de las calles de Nueva York. Sin embargo, posteriormente comenzó a incluir imágenes, y las mezcló con los objetos que transfería al lienzo a través de la serigrafía.

Nació el 22 de octubre de 1925, en Port Arthur, Texas. En 1947, se matriculó en el Instituto de Arte de Kansas City y viajó a París para estudiar en la Académie Julian el año siguiente.

A su regreso a Nueva York en 1953, comenzó a trabajar en esculturas creadas a partir de madera, piedras y otros materiales callejeros; pinturas hechas con papel de seda, suciedad, o pan de oro. A finales de 1953, había comenzado su serie Pintura Roja (1953-1954) sobre lienzos que incorporaron periódicos, telas y objetos encontrados, momento en que conoció a Jasper Johns. También trabajó con Cage y Cunningham, contribuyendo al vestuario y diseño de iluminación de la compañía de danza de este último.

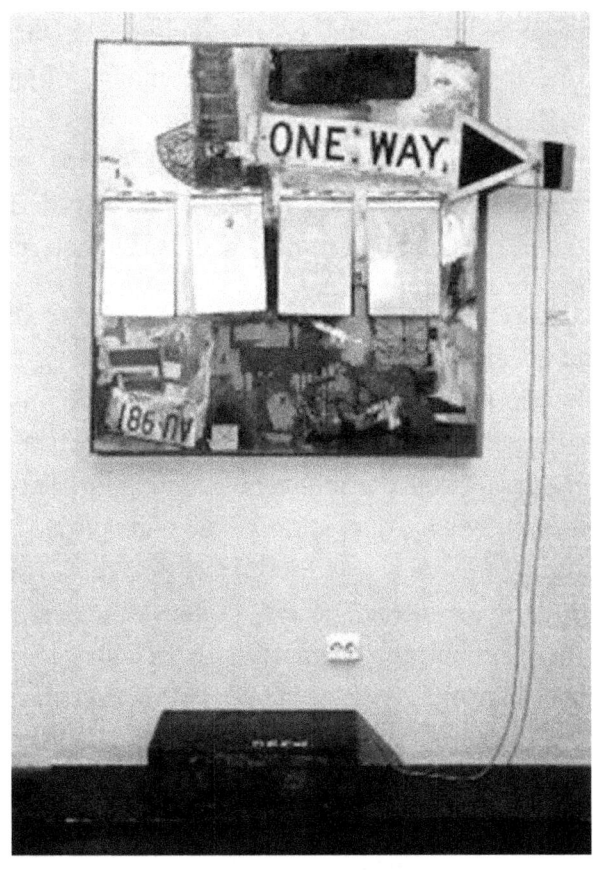

*Robert Rauschenberg*

Robert Rauschenberg también ha usado imágenes en su arte, pero, a diferencia de las imágenes de Johns, se combinan en una relación entre sí o con objetos reales. La obra de estos dos artistas se refiere a menudo como Neo-dada, ya que se basan en encontrar elementos, técnica empleada primero por dadaístas como Marcel Duchamp y Kurt Schwitters.

Inspirado por Schwitters que crearon collages de la basura que recogió en la calle, Rauschenberg combina objetos reales, encontrados en su barrio de Nueva York, con el collage y la pintura. El definió a estos objetos como ensamblajes multimedia, cosas interesantes que estaban fuera de la ventana. "La pintura es más como el mundo real, si está hecha del mundo real" -dijo.

El collage era el lenguaje natural de Rauschenberg y lo añadió a su vocabulario artístico mediante el desarrollo de un método de combinar pintura al óleo con serigrafía fotográfica. Esto le permitió experimentar con imágenes contemporáneas recogidas de periódicos, revistas, televisión y cine que podría reproducirse en cualquier tamaño y color en un lienzo. Utilizó estos elementos de una manera que refleja nuestra experiencia en los medios de comunicación masivos. Todos los días nos bombardean con imágenes de televisión, periódicos y revistas, sin tener en cuenta a la mayoría, pero retenemos estos mensajes ya sea consciente o inconscientemente. Las pinturas de Rauschenberg capturan este "ruido" visual en un marco de imágenes con alegoría irónica.

Rauschenberg continuó utilizando nuevos materiales al mismo tiempo que trabajaba con las técnicas más rudimentarias, como el fresco húmedo, y la transferencia de imágenes a mano. Como parte de su compromiso con la última tecnología, comenzó a realizar impresiones digitales iris y el uso de tintes vegetales biodegradables en sus procesos de transferencia, lo que subraya su compromiso con el cuidado del medio ambiente.

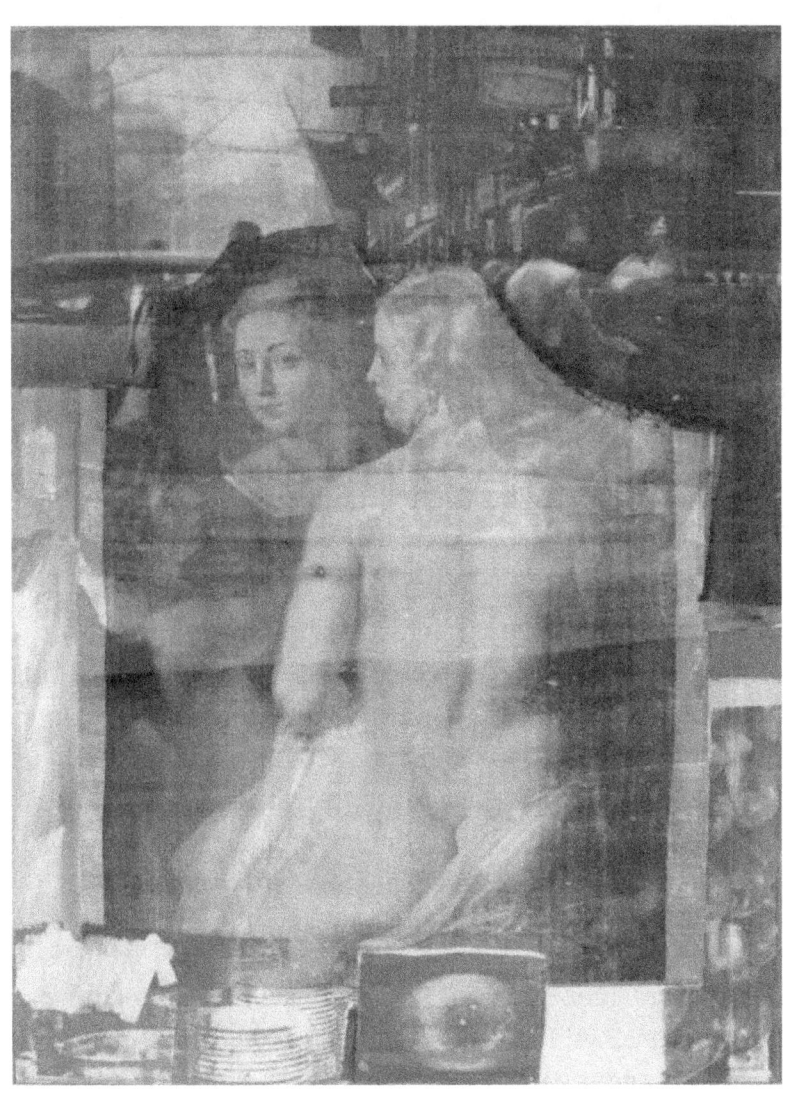

*Robert Rauschenberg*

## Roy Fox Lichtenstein

Nacido el 27 de octubre 1923, en ciudad de Nueva York, falleció 29 de septiembre 1997, también en Nueva York.

Lichtenstein emplea indistintamente elementos cómicos y con fuertes emociones en los personajes y, en cierto modo, su obra nos lleva a considerar el valor de la cultura mediante la adopción de estas escenas fuera de contexto y glorificarlas. Las emociones en sus obras pueden parecer triviales para un cuadro, sobre todo a tal escala, pero, también tiene eventos que todos podemos relacionar y hace que el foco de la obra sea reconocible como representativo de nuestra vida cotidiana.

Roy Lichtenstein desarrolló un estilo del arte pop que se basaba en la lengua vernácula visual de comunicación de masas: la tira cómica. Era un estilo que se fijó en su formato original: contornos negros, colores vivos y tonos prestados por puntos Benday, habitual en los cómics de los años 50-60. Lo que en realidad cambió en el arte de Lichtenstein fue su tema, desarrollado a partir de tiras cómicas pero mezclando otras artes modernistas: el cubismo, el futurismo, el Art Deco, De Stijl, el surrealismo y el expresionismo abstracto.

Los primeros trabajos de Roy Lichtenstein tenían una pizca del estilo cinematográfico americano, una especie de expresionismo y cubismo, pero con estilo del Far West, condicionado todavía por el aprendizaje pictórico tradicional. Pero aburrido con la inclinación hacia el expresionismo, atacó esta tradición con pinturas como 'Look Mickey' (1961), una imagen de los populares dibujos animados realizada a gran escala, tomando como referencia un envoltorio de chicle. Sus imágenes del cómic tuvieron un valor inicial pequeño, pero al igual que gran parte del Pop Art, fueron demandados rápidamente por las galerías y coleccionistas.

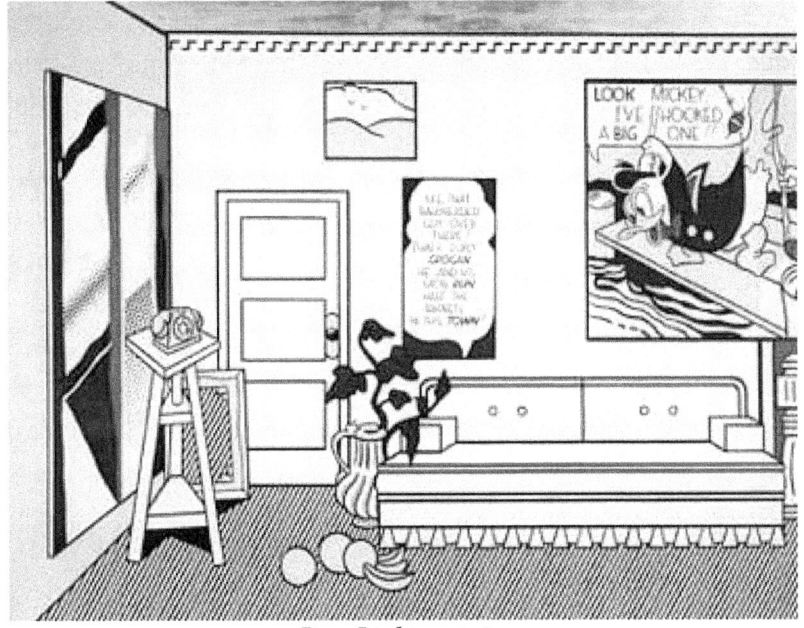

*Roy Lichtenstein*

"Fue difícil conseguir una pintura que fuera lo suficientemente despreciable para que nadie la colgara, especialmente en una época en la que todo el mundo colgaba todo. Era aceptable colgar un trapo goteando pintura y todo el mundo parecía entusiasmado. La cuestión era que todos decían odiar el arte comercial, pero al parecer no lo odiaban lo suficiente".

El estilo comercial con bordes duros de pinturas de cómics de Lichtenstein era un antídoto contra las salpicaduras incoherentes que definían los últimos momentos del expresionismo abstracto, pero en su opinión:

"No creo que el Pop Art habría existido sin que Dadá hubiera existido antes, pero realmente no creo que el Pop Art tenga nada que ver con Dadá. Tampoco veo mi trabajo como anti-arte o cualquier cosa que sea diferente de la corriente principal de la pintura desde el Renacimiento."

A pesar de que hay elementos de ironía y de humor en el estilo de Lichtenstein, su obra se encuentra dentro de la tradición clásica del control de las figuras mediante el uso de la línea, la forma, el tono y el color como elementos compositivos. La disciplina de la obra es cerebral, con poco margen para impulsarlo hacia una emoción o lo que él llama "el carácter del arte".

"Mi trabajo destruye las emociones, lo sé, pero el arte comercial tampoco crea sentimientos humanitarios".

Lo cierto es que Lichtenstein no copia exactamente sus imágenes de los cómics; sutilmente los refina, consciente de que debe transformarlos a una escala más grande y consciente de su interpretación estética dentro del contexto de un museo. Por eso su estilo se aleja del uso de las imágenes de los cómics para interpretar un estilo de arte modernista, pero sin olvidar la procedencia del cómic. Lichtenstein fue capaz de mantener este estilo singular durante más de treinta y cinco años, no simplemente variando su temática, sino viendo su arte como una entidad independiente, con una existencia y desarrollo que él controlaba.

"Me gusta pretender que mi arte no tiene nada que ver conmigo".

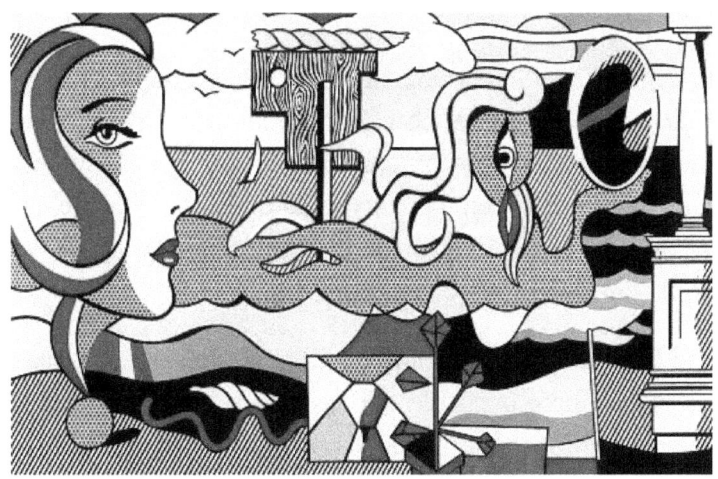

*Figures in Landscape (1977) –Roy Lichtenstein*

En 1961 empezó a aplicar las extensiones de puntos que imitan las tramas de impresión y aunque en estas primeras obras los pintó a mano, después adoptó un sistema de plantillas.

*Look Mickey* (1961) fue la primera pintura en la que se alejó por completo del expresionismo abstracto y en ella mostraba a un imperfecto pato Donald hablando al ratón Mickey. Todavía de trazos dubitativos, provocó en el artista un deseo de ruptura con todo lo que había pintado antes.

Siempre dudó de la duración de su éxito e incluso poco antes de morir de una neumonía en 1997, cuando ya era un artista consagrado, dijo:

"Sé que en cualquier momento alguien va a venir, me va a zarandear y me va a decir: señor Lichtenstein, es la hora de sus pastillas".

Artista fácilmente reconocible, sus obras adoptaron un estilo similar al cómic pero con forma de arte internacional. Sus primeros trabajos como artista abstracto en los años 1950, y su puesto de profesor en la Universidad de Rutgers, le puso en contacto con el también profesor Allan Kaprow, y provocó su implicación en el arte de la cultura pop.

Luego añadía imágenes, cambiaba los colores y hacía una nueva composición para que todo quedase claro, sin ambigüedades, ni mensajes subliminales. Todo ello lo llevaba a un lienzo, donde de nuevo modificaba la composición, y finalmente unificaba los colores, en ocasiones con la ayuda de otros artistas.

Sus primeras obras a mano alzada de los marcos del cómic, con bocadillos o burbujas de texto, le facilitaron su puesto en la galería de Nueva York de Leo Castelli en 1961. Posteriormente expuso en Pasadena y Nueva York y a finales de 1963, alcanzó ya cierto renombre mundial.

"Brushstroke" de 1996 es una obra de aluminio y pintura, una escultura monumental que trata el tema del oficio de pintor, y que Lichtenstein realizó en 1965 en referencia al Action

114

Painting, buscando expresar el movimiento, la velocidad y la energía.

Los materiales no específicamente pictóricos con que se trabaja (arena, alambre...), permiten conseguir una superficie peculiar en la superficie del cuadro, en línea con el expresionismo abstracto. "Brushstroke" fue instalada en el patio del edificio diseñado por Jean Nouvel para la ampliación del Museo Reina Sofía con motivo de la exposición Roy Lichtenstein. "All About Art" tuvo lugar en 2004.

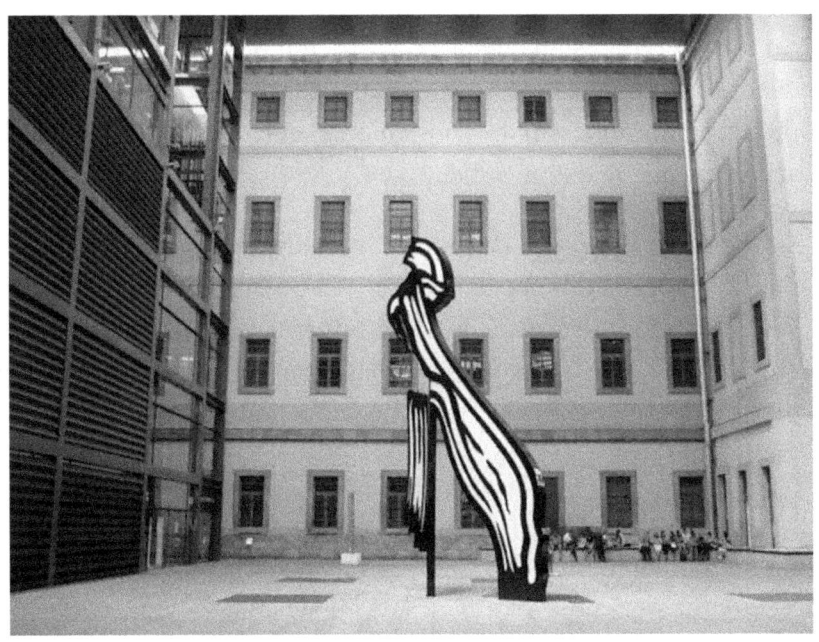

*Museo Reina Sofía*

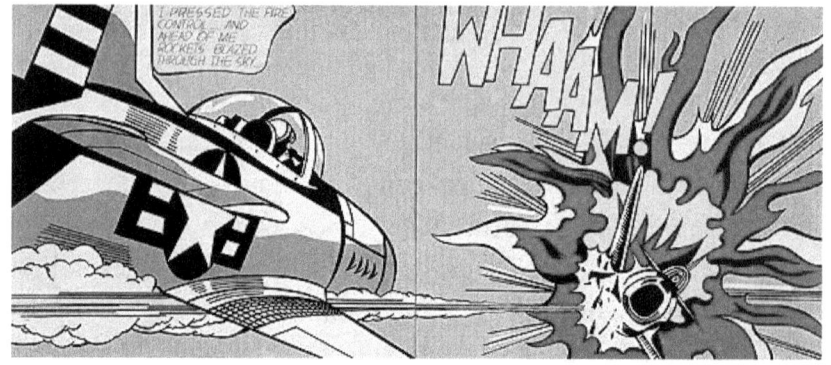

*Whaam! Whaam! (1963) –Roy Lichtenstein (1963)*

Su idea central estaba en la composición del cuadro y para ello añadía valores plásticos como la belleza y el equilibrio, dentro de un entorno formal, confiable y con algunos puntos de semitono que le dieran solidez.

La primera fase de la carrera madura de Lichtenstein fue definida por los dibujos animados, siendo el Pato Donald uno de sus preferidos. Después de 1966 aplicó su estilo cómico a una amplia gama de imágenes populares, casi siempre en dos dimensiones, a menudo una imagen cómica o de otra forma fácilmente reconocible y extraída de cualquier anuncio publicitario.

En su momento quizá no logró el reconocimiento debido y casi, casi desapareció en el olvido hasta que, 50 años más tarde, fue valorado acertadamente y permanece ya entre nosotros. Aunque parece artificial, un análisis más sereno nos lleva a una gran coherencia visual. Soportado por los clasistas y aplaudido por los renovadores, vemos su deseo de transgredir el arte clásico y permitir la entrada a pintores más imaginativos que técnicos.

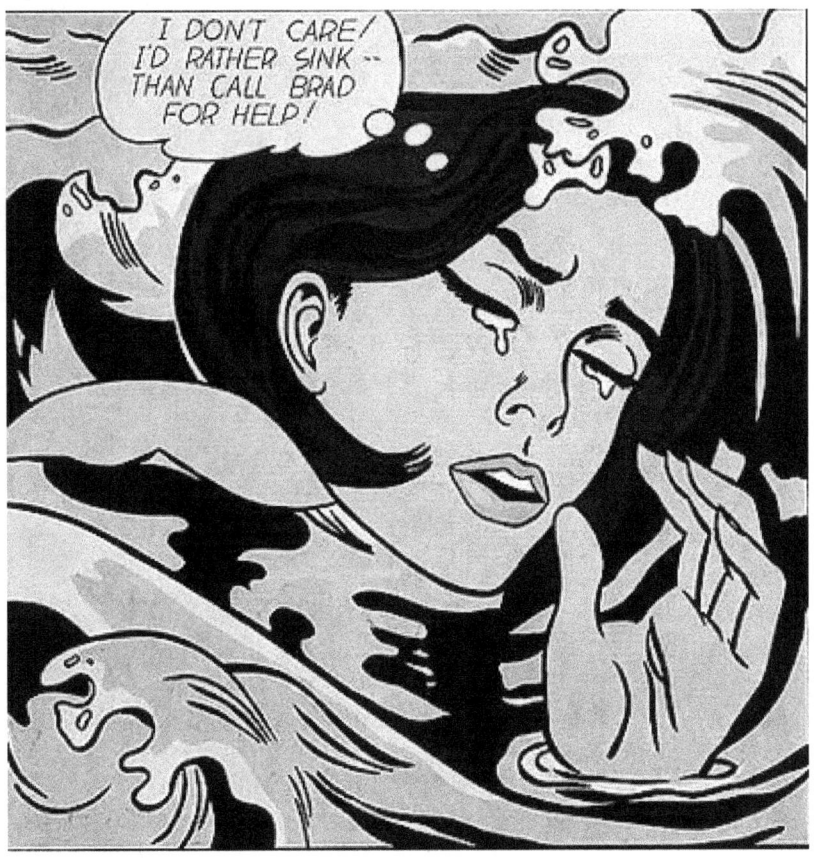

*Drowning Girl (1963) –Roy Lichtenstein*

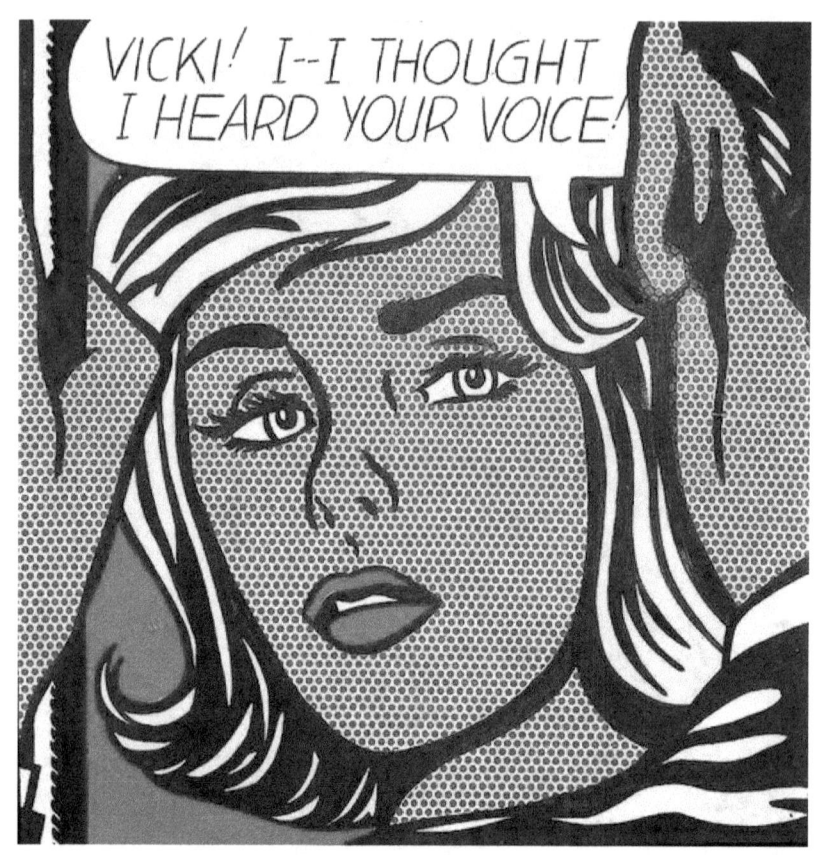

*Viki (1964) –Roy Lichtenstein*

Lichtenstein es una figura de importancia extraordinaria en la historia reciente del arte pop y su contribución ha sido una potente fuente de interés comercial, así como el legado perdurable del Pop Art.

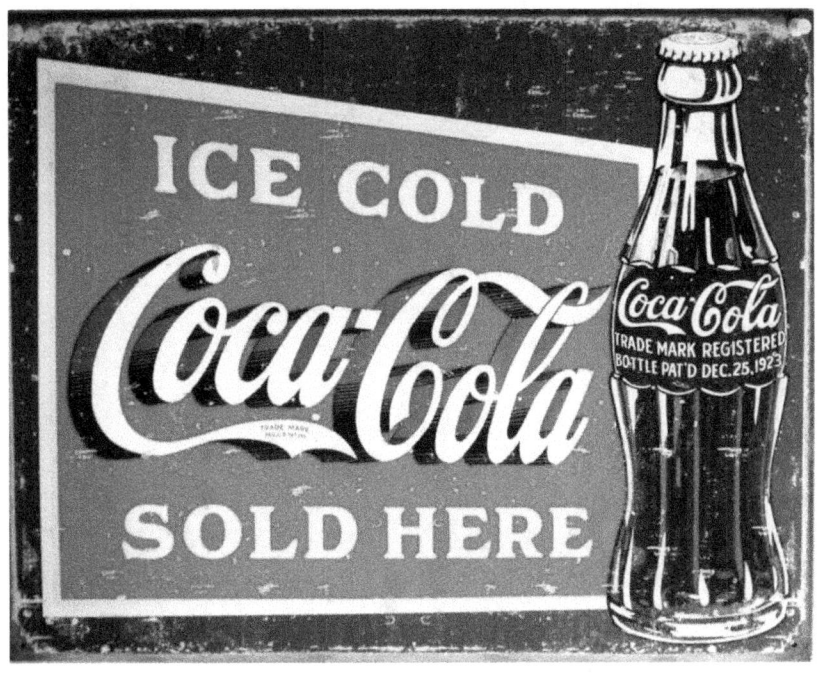

Impecable prestidigitador, revolucionario y cambiando frecuentemente su estilo, Lichtenstein reiteraba la imagen producida en serie mediante un proceso de insistencia hecho a mano, muy artístico, confundiendo el ready made con la pintura. De este modo, obligaba al público a comprender la pintura, cómo debe mirar, y cómo definimos al artista en nuestra sociedad.

Se trata, pues, de uno de los nombres más reconocidos en el Pop Art y aunque es más conocido por sus pinturas, también le gustaba realizar anuncios. Caracterizadas sus obras, en ocasiones, por su sentido del humor irónico, su cuidadosa precisión (sin ninguna pincelada manifiesta) y el uso de plantillas para crear patrones de puntos (antes de que los ordenadores nos mostraran los píxeles), nos definen su estilo.

Obras más importantes:

Look Mickey, 1961

Masterpiece, 1962

Whaam!, 1963

Good Morning Darling, 1964

En 1989, cuando se puso a la venta en la galería Christies de arte contemporáneo en Nueva York, la pintura de Lichtenstein "Torpedo... Los!" se vendió por 5,5 millones de dólares.

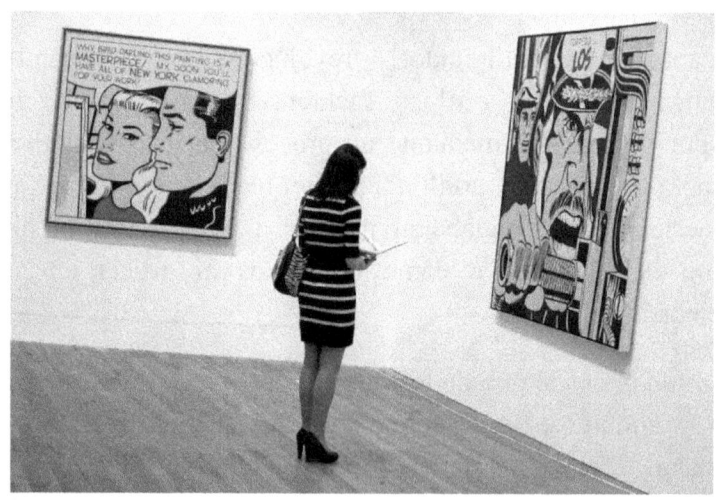

*Exposición Roy Lichtenstein - Torpedo... Los!*

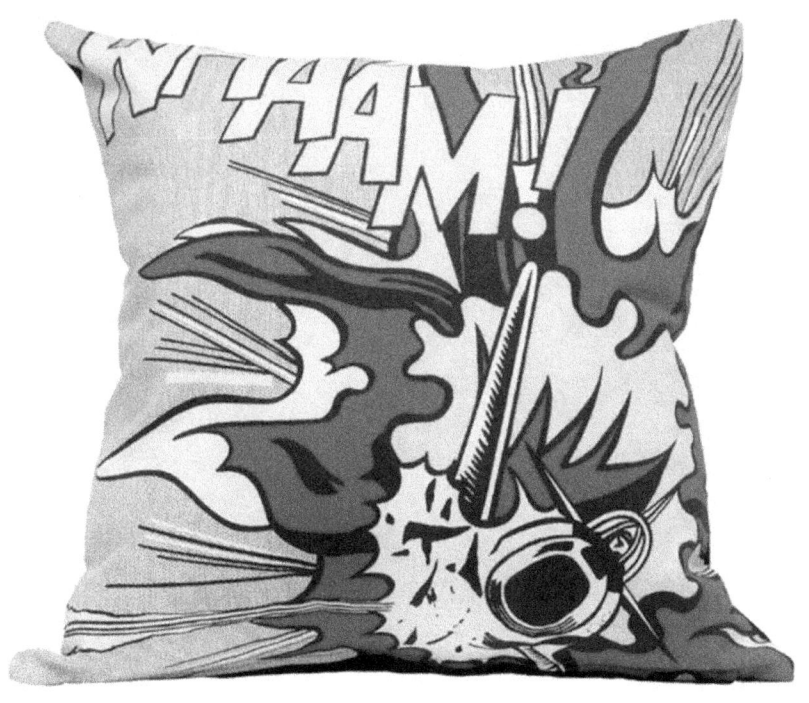

*Roy Lichtenstein - Whaam!"*

Su uso de la iconografía popular nos ha llevado a ampliar la definición de "arte", y su paleta de colores primarios creando imágenes poderosas, es tan relevante y significativa para el desarrollo de las artes visuales como cualquier Picasso o Renoir.

Las obras de Roy Lichtenstein se pueden ver en muchos de los mejores museos de arte de América.

# CAPÍTULO 7

## Desarrollo en el mundo

El arte pop americano era conocido por ser anónimo, emblemático y agresivo. Por otro lado, el arte pop inglés era más referencial y subjetivo, pues utilizaban la cultura popular y la tecnología principalmente como temas o metáforas. Los artistas pop estadounidenses asumieron esas ideas y por ejemplo, el lema de Andy Warhol fue "Creo que todo el mundo debería ser una máquina", pero en realidad trató de hacer obras de arte que parecían que no fueron hechas por una máquina.

### En América

El arte pop en Estados Unidos se desarrolló de una manera ligeramente diferente a su contraparte británica, siendo a la vez un desarrollo y una reacción contra la pintura expresionista abstracta, el primer movimiento artístico de América para lograr el reconocimiento mundial. Sin embargo, a mediados de 1950, muchos pensaron que se había vuelto demasiado introspectiva y elitista, así que el Pop Art estadounidense evolucionó como un intento de revertir esta tendencia mediante la reintroducción de la imagen en la pintura, para sacar el arte de la oscuridad de la abstracción al mundo real. Picasso había hecho algo similar cuarenta años antes cuando realizó collages con imágenes del mundo real impresas sobre sus naturalezas muertas, ya que temía que su pintura se estaba volviendo demasiado abstracta.

Alrededor de 1955, dos artistas consiguieron sentar las bases de un puente entre el expresionismo abstracto y el arte pop. Eran Jasper Johns y Robert Rauschenberg, los precursores del arte pop americano.

Si bien el trabajo de Hamilton reflejaba los valores de la sociedad de su tiempo en el Reino Unido, los artistas pop en los EE.UU. en la década de 1960, tienen un enfoque decididamente diferente. Estos artistas crearon un estilo visual mucho más refinado y pulido que reflejaba directamente las tendencias en la publicidad de esa época. Las imágenes son menos irritantes y más cómodamente familiares al espectador de todos los días. Es este lenguaje visual accesible utilizado por artistas como Roy Lichtenstein, el que conduce al Pop Art de los EE.UU. en otro sentido. Su trabajo mostró algo que cada estadounidense tenía, incluso libros y cómic, y lo convirtió en obras gigantescas pintadas a mano. Incluso tiene la técnica empleada en la impresión comercial, con los pequeños puntos de color sólido que dan la ilusión de sombras y colores mezclados, y los recrea a mano, logrando variaciones cromáticas de una manera muy esquemática.

Esta idea de hacer una obra monumental centrada en la vida cotidiana, también puede sido vista en la obra de Claes Oldenburg, el escultor icónico que creó obras con lápices y barras de labios. Una de las esculturas muestra un lápiz labial gigantesco rojo ubicado sobre un par de temas como los utilizados en los vehículos de construcción, creando una disonancia y tensión, remarcada por un tono de seriedad mezclado con humor y el absurdo del arte pop. Obras como esta, realmente llegan al corazón del Pop Art, al tomar partes reconocibles de la vida americana diaria y convertirla en lo que se considera arte elevado.

Respuesta crítica

En 1957, Richard Hamilton enumeró las "características del arte pop" en una carta a sus amigos los arquitectos Peter y Alison Smithson:

"El arte pop es: Popular (diseñado para un público de masas), transitorio (solución a corto plazo), consumible (fácil de olvidar), de bajo coste (con elementos no artísticos), producido en masa, joven (pero dirigido a todos), ingenioso, atractivo, efectista, glamoroso, un buen negocio.

Pero los críticos modernistas estaban horrorizados por el uso de elementos ajenos al arte y por su tratamiento aparentemente irracional de los mismos. Les acusaron de buscar solamente un impacto social, no una estética artística. De hecho, plantaron una batalla presentando nuevas formas de arte, similares pero con "calidad" artística. Bien, el pintor Yves Klein –entusiasmado por el color azul ultramar- también puso de su parte en esta confrontación, realizando sus cuadros sensuales delante del público y con orquesta incluida.

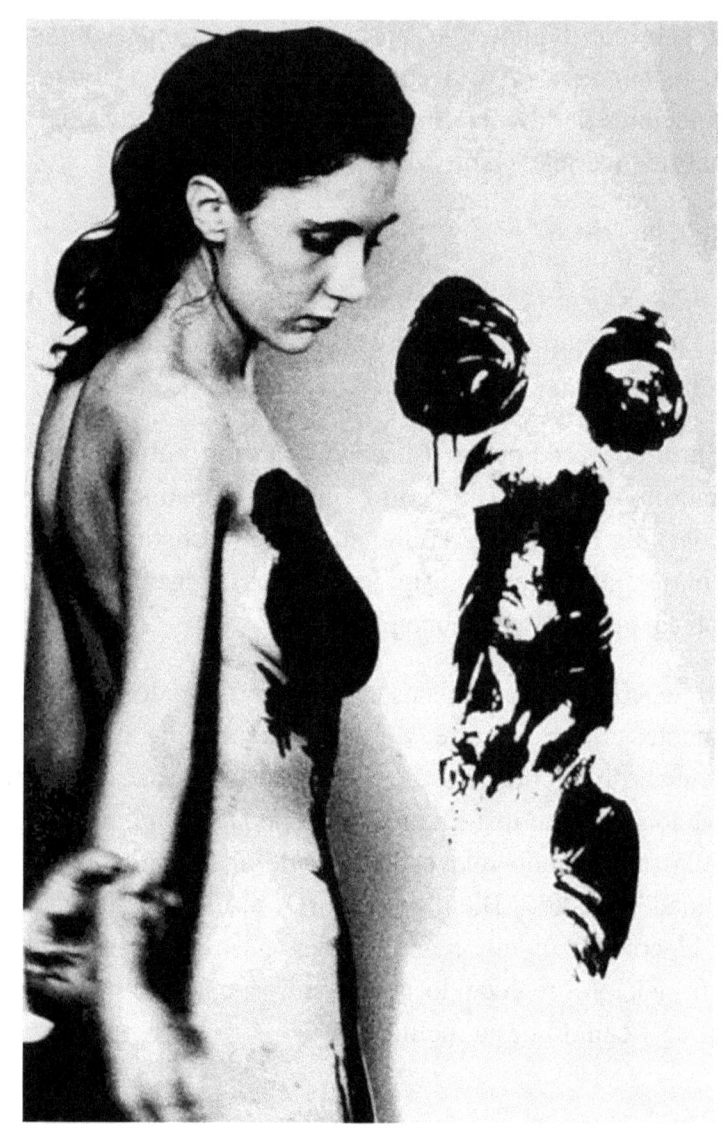

*Yves Klein*

En los Estados Unidos, los artistas pop comenzaron utilizando reproducciones, duplicados, superposiciones, combinaciones, organizando los detalles visuales sin fin que representaban la cultura y la sociedad estadounidense, así como transformándolos y añadiendo comentarios.

## En Europa

A pesar de que se inspiraron en temas similares, el pop británico es a menudo visto como distinto del pop estadounidense, aunque se vio impulsado por la cultura popular americana.

En el resto de Europa, y sin complejos, se decantaron por la cultura popular estadounidense, tanto en el lenguaje, como en la política.

## Francia

En París, acomplejados por su papel menor en relación al americano, consideraban a Nueva York como el centro de arte más importante del mundo, y por ello la cultura pop estadounidense era célebre.

Además, la vanguardia francesa -quizá debido a su Partido Comunista-, tenía un sabor más político y adoptaron una línea parecida al dadaísmo, en el sentido de pedir la participación del público. Ellos le llamaron *Nouveau Realisme* y dentro de ello destacaron Ives Klein, Francois Dufrene, Matial Raysse, y Jean Tinguely.

El arte pop en Francia nunca fue sólo una celebración de la cultura de consumo, sino que era a menudo un lenguaje subversivo de protesta.

El artista de origen francés Nicola L, eligió la integración del cuerpo humano en el espacio de la obra, desarrollando obras conceptuales, objetos funcionales, instalaciones, performances y hasta películas. Su exposición "Yo soy la última mujer objeto" (1969) fue un intento de explorar nuevos mundos. Efectuando diversas actuaciones improvisadas en espacios públicos, buscaba la presentación del cuerpo humano como una pieza de arte conceptual.

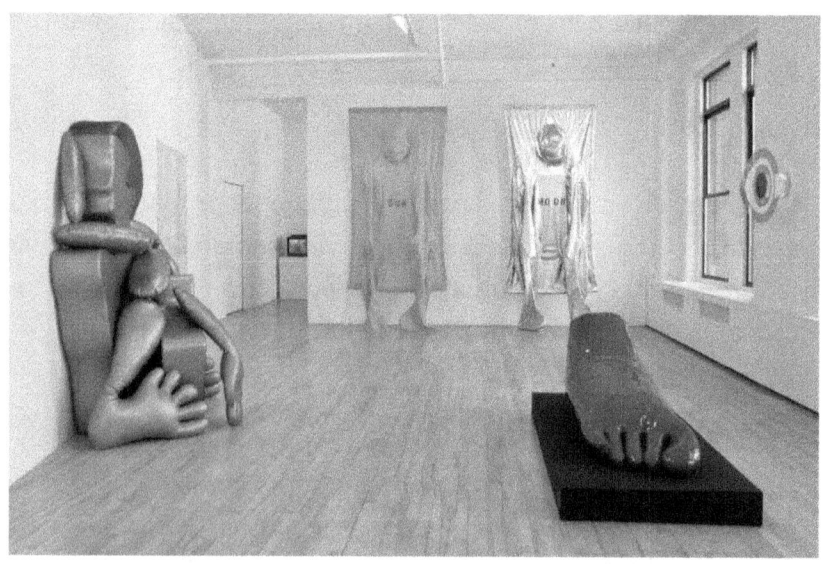

*Nicola L*

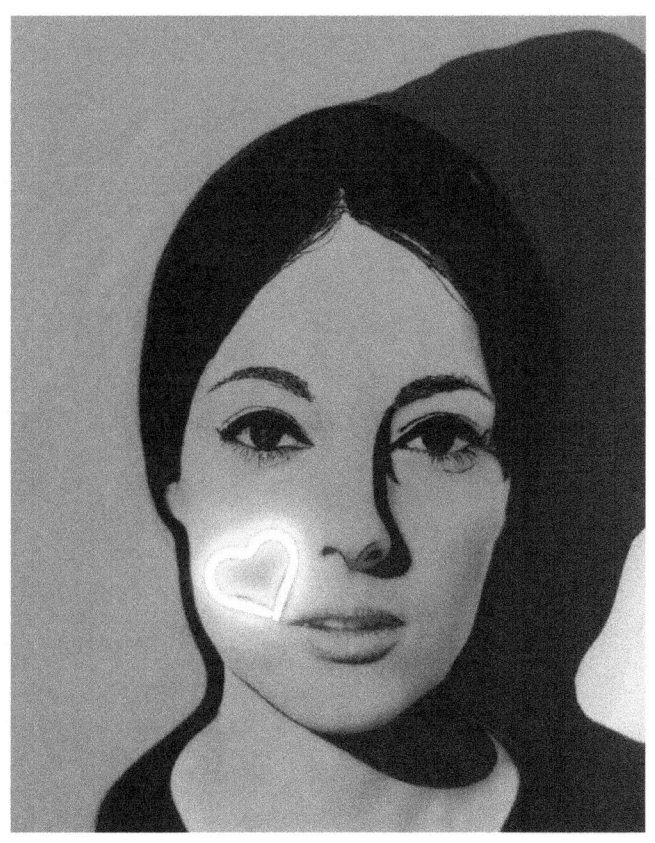

*Matial Raysse*

## Italia

Italia, menos interesada ya en la política, permaneció más abierta a las posibilidades del Pop Art. Personas destacadas fueron Jonathan De Pas, Paolo Lomazzi y Donato d'Urbino que creó "Joe Sofá", un sofá que se asemeja a un gigantesco guante de béisbol.

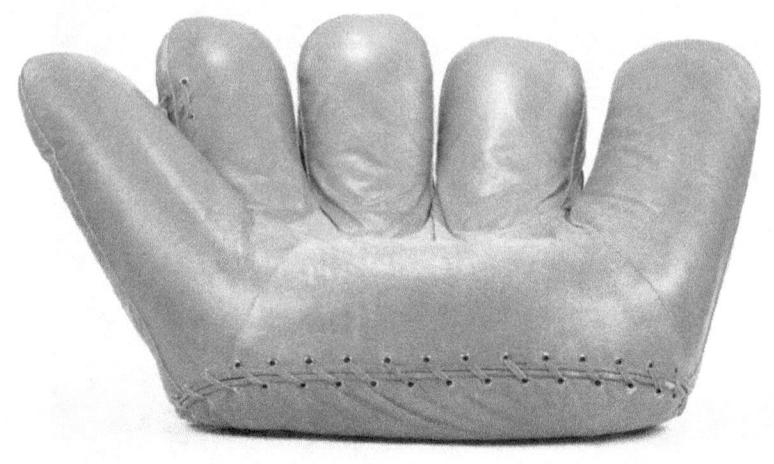

*Donato d'Urbino*

El pop art italiano se gestó con la cultura de los años 1950, con los trabajos de dos artistas en particular: Enrico Baj y Mimmo Rotella, considerados los líderes del movimiento. Baj alcanzó gran renombre por su obra "El funeral del anarquista Galli" que fue prohibida. Años más tarde, creó una serie de pinturas a modo de protesta por la elección de Silvio Berlusconi.

El arte pop fue conocido desde 1964 y tomó diferentes formas, como la "Scuola di Piazza del Popolo" en Roma, con artistas como Mario Schifano, Franco Angeli, Giosetta Fioroni y Tano festa.

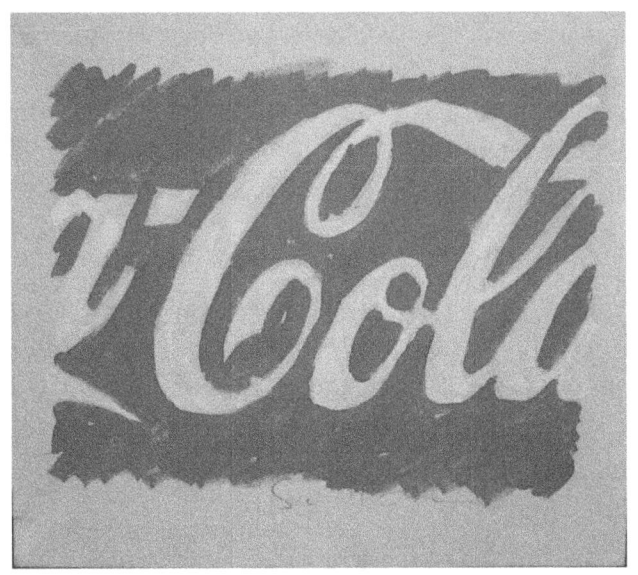

*Mario Schifano*

## España

España recibió igualmente las influencias del Pop Art desde principios de los años 60s, y aunque no se puede hablar de que hubiera un movimiento unitario, la publicidad de entonces en prensa y revistas adquirió esa tendencia. Poco a poco, el erotismo y hasta la incipiente libertad política, afianzaron el estilo.

Algunos de los principales artistas fueron Eduardo Arroyo, Canogar, Juana Francés, Darío Villalba y Ángel Orcajo, con su fascinación por las nuevas autopistas españolas que refleja en su serie de Autopistas.

Destaca también el Equipo Crónica formado en Valencia en 1963 por Rafael Solbes, Manolo Valdés y Juan Antonio Toledo.

Las primeras obras revelan una notable influencia del Pop estadounidense, sobre todo por la utilización de imágenes procedentes de los medios de comunicación y la utilización de tintas planas. Una de las imágenes más emblemáticas fue la del ratón Mickey repetida en una larga serie de viñeta interrumpida, así como los cigarrillos Ideales y el periódico Marca.

**Eduardo Arroyo**, que se refugió en París en 1958 a consecuencia del franquismo, alcanzó su primer reconocimiento en la III Bienal de París por su obra *Los cuatro dictadores*, y muchos años después, en 2000, el Ministerio de Educación, Cultura y Deporte le concedió la Mcdalla dc Oro al Mérito en las Bellas Artes.

Sus obras son expuestas en el Museo Reina Sofía de Madrid, el Museo de Bellas Artes de Bilbao, la Nueva Galería Nacional de Berlín, el Museo Nacional de Arte Moderno de París y la galería Moma de Nueva York, entre otros.

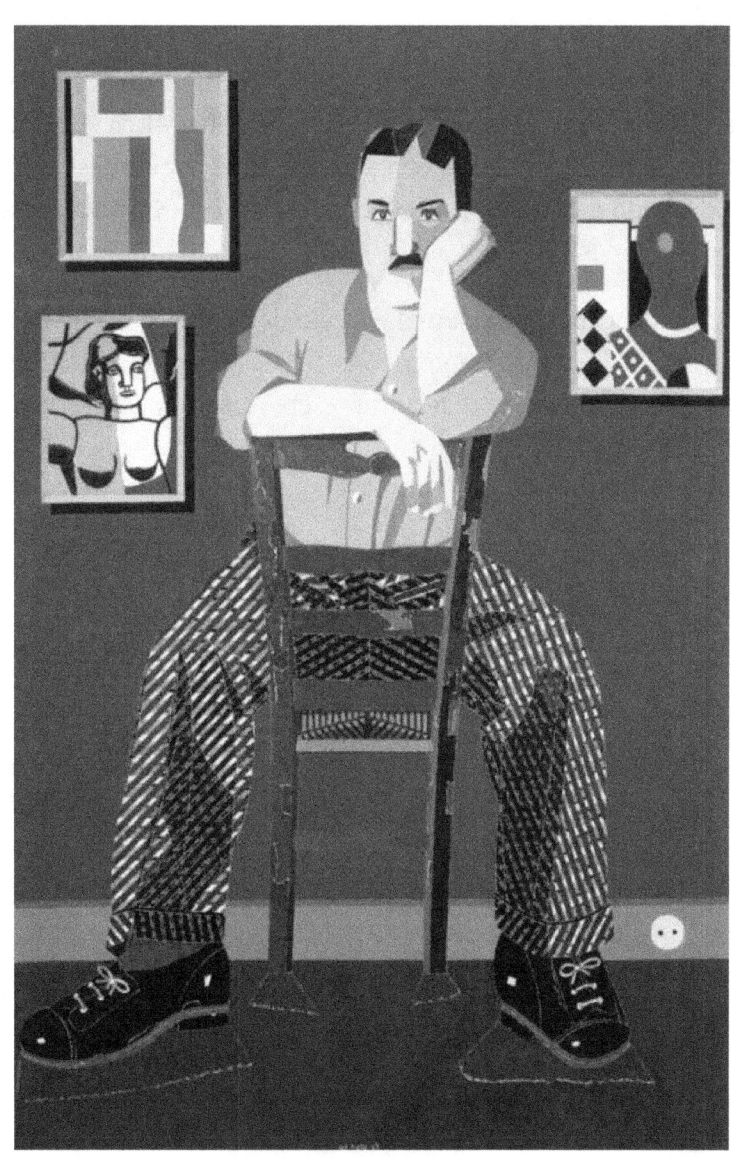

*Eduardo Arroyo*

**Alfredo Alcaín,** inicialmente estudiante en la Escuela de Bellas Artes de San Fernando de Madrid, posteriormente estudió grabado, litografía y Decoración Cinematográfica. Podría ser uno de los más genuinos representantes del Pop Art español, por el adecuado uso de las imágenes populares y los espacios vacíos en sus composiciones.

Sus obras pueden verse en el Círculo de Bellas Artes de Madrid, el Museo de Arte Contemporáneo de Sevilla, la Biblioteca nacional de España en Madrid y el Museo Nacional de Arte Reina Sofía. Desde 2003 posee el Premio Nacional de Artes Plásticas.

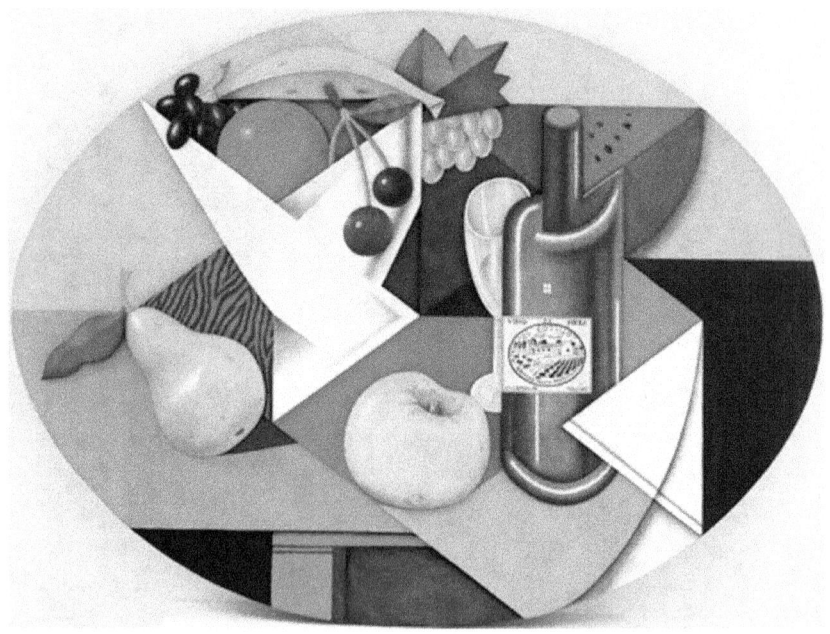

*Alfredo Alcaín*

**Otros**

También hay que destacar, dentro de otros muchos, a los artistas valencianos **Manolo Valdés** y **Rafael Solbes.**

No menos importante fueron diversos dibujantes radicados en Asturias, como **Eduardo Úrculo**, de quien existe una pinacoteca en Langreo, y el Centro Cultural Eduardo Úrculo en Madrid.

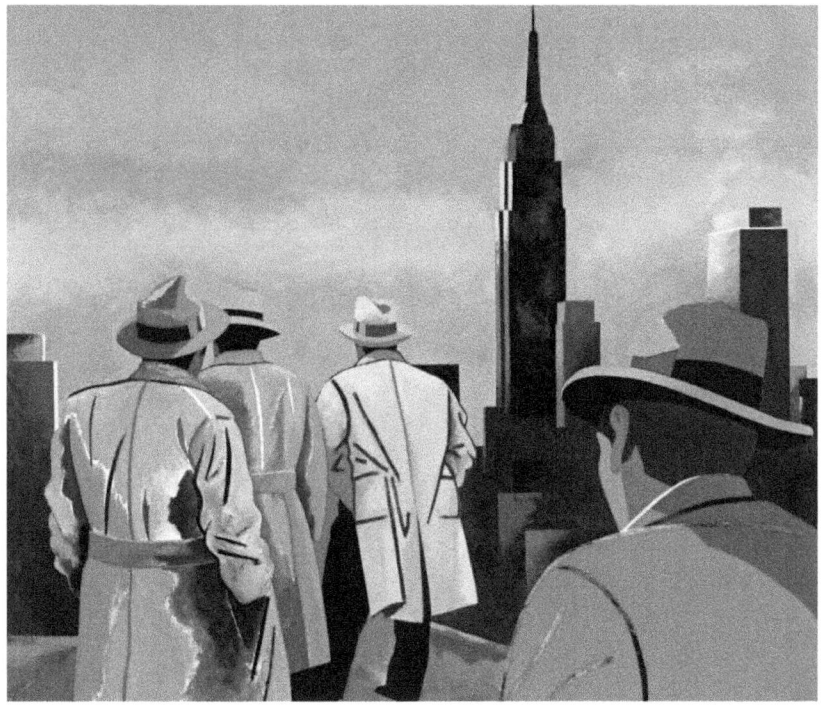

*Eduardo Úrculo*

# Japón

El arte pop en Japón es único e identificable en todo el mundo, debido a que se inspiran en gran parte en el anime, y en ocasiones en el arte tradicional japonés. El artista más conocido del pop en la actualidad en Japón es Takashi Murakami, cuyo grupo de artistas, Kaikai Kiki, es mundialmente conocido por sus obras de arte producidas en serie, muy abstractas y surrealistas.

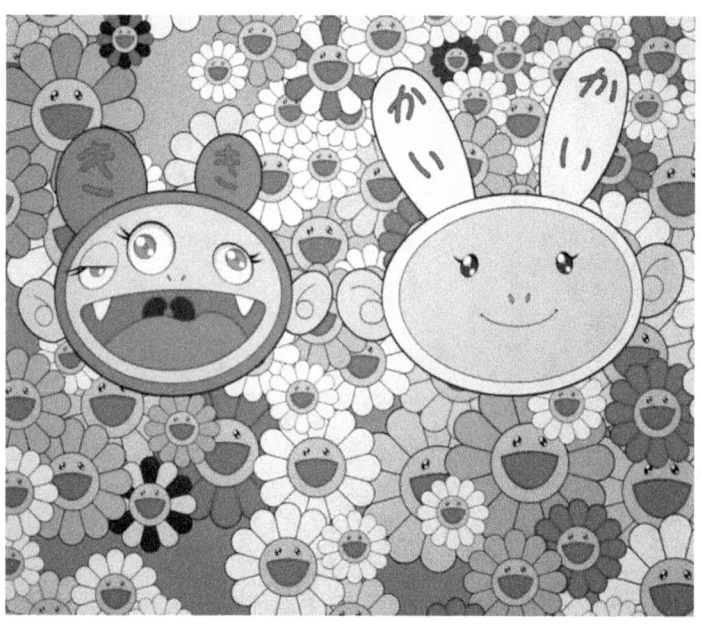

*Takashi Murakami*

Otros artistas japoneses son famosos por su alta calidad inspirativa del grafiti, y algunos, como Murakami, son famosos por sus figuras en plástico producidas en serie.

# CAPÍTULO 7

## HE AQUÍ UNA BREVE LISTA DE OBRAS FAMOSAS DE ARTISTAS POP

• Yo era el juguete de un hombre rico (1947) Eduardo Paolozzi Luigi

• Bandera (1954) Jasper Johns

• Cama (1955) Robert Rauschenberg

• ¿Qué es lo que hace que los hogares de hoy tan diferentes? (1956) R. Hamilton

• Monograma (1959) Robert Rauschenberg

• Presidente Electo (1960) James Rosenquist

• Sr. Bellamy (1961) Roy Lichtenstein

• Gran Marcas con ocho proyectores (1961) Ed Ruscha

• Doble hamburguesa (1962) Claes Oldenburg

• 210 Botellas de Coca-Cola (1962) Andy Warhol

• Marilyn Monroe (1962) Andy Warhol

• Sopa Campbell Can (1962) Andy Warhol

- Cake (1962) de Claes Oldenburg

- Suelo de Elvis (1963) Andy Warhol

- Estación Estándar, Amarillo, Texas (1963) Ed Ruscha

- Chica Drowning (1963) Roy Lichtenstein

- Whaam! (1963) Roy Lichtenstein

- Raíces (1963) Robert Rauschenberg

- Field (1963-1964) Jasper Johns

- Love (1964) Robert Indiana

- Latas Ale (1964) Jasper Johns

- Brillo (1964) Y Warhol

- Choke (1964) Robert Rauschenberg

- Retroactiva (1964) Robert Rauschenberg

- Great American Nude # 57 (1964) Tom Wesselmann

- F111 (1964-65) James Rosenquist

- The Diner (1964-66) George Segal

- Electric Chair (1965) de Andy Warhol

- Gran Pintura No. 6 (1965) Roy Lichtenstein

- Aseo Soft (1966) Claes Oldenburg

- Ingrid Bergman (1966) de Andy Warhol

- A Bigger Splash (1967) David Hockney

- Lisp (1968) Edward Ruscha

- Geométrica Mouse, Escala A (1969) Claes Oldenburg

- Souvenir (1970) Jasper Johns

- Jo Sofa (1971) De Pas, Lomazzi, D'Urbino

- Planta Burger (1971) Claes Oldenburg

- Todavía vida con el Goldfish Bowl (1972) Roy Lichtenstein

## Otros artistas importantes del Pop Art

George Brecht *(1926- 2008 Nueva York)*

Tom Wesselmann *(Cincinnati 1931-2004)*

Marjorie Strider *(1931-2014 Oklahoma)*

Allan D'Arcangelo *(1930-1998 Buffalo)*

Claes Oldenburg *(1929 Estocolmo)*

George Segal *(1924-2000 Nueva York)*

James Rosenquist *(1933 Dakota del norte)*

Rosalyn Drexler  *(1926 Bronx)*

Billy Al Bengston *(1934 Kansas)*

Edward Kienholz *(1927-1994 Washington)*

Wallace Berman *(1926-1976 Nueva York)*

Jess Collins *(1923-2004 California)*

# CAPÍTULO 8

## Cuadros del autor de este libro

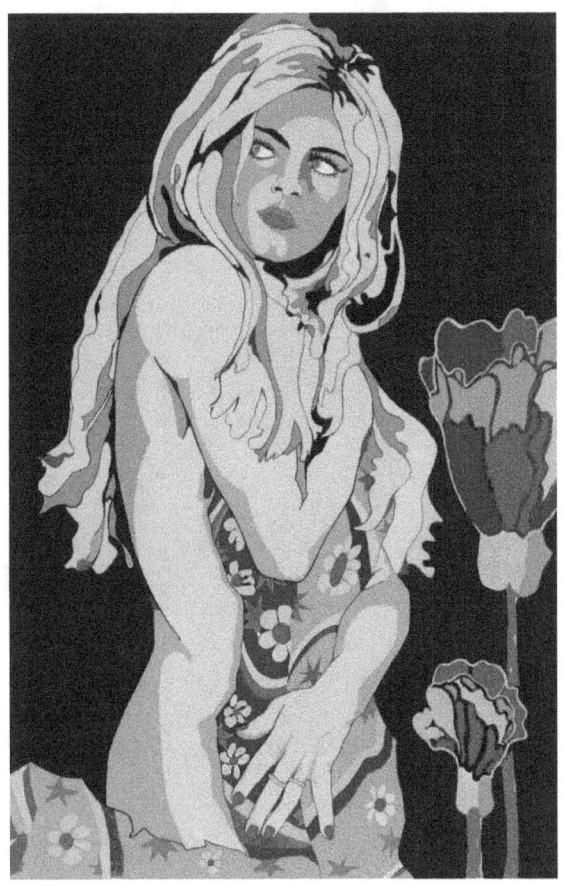

*Brigitte/Adolfo Pérez*

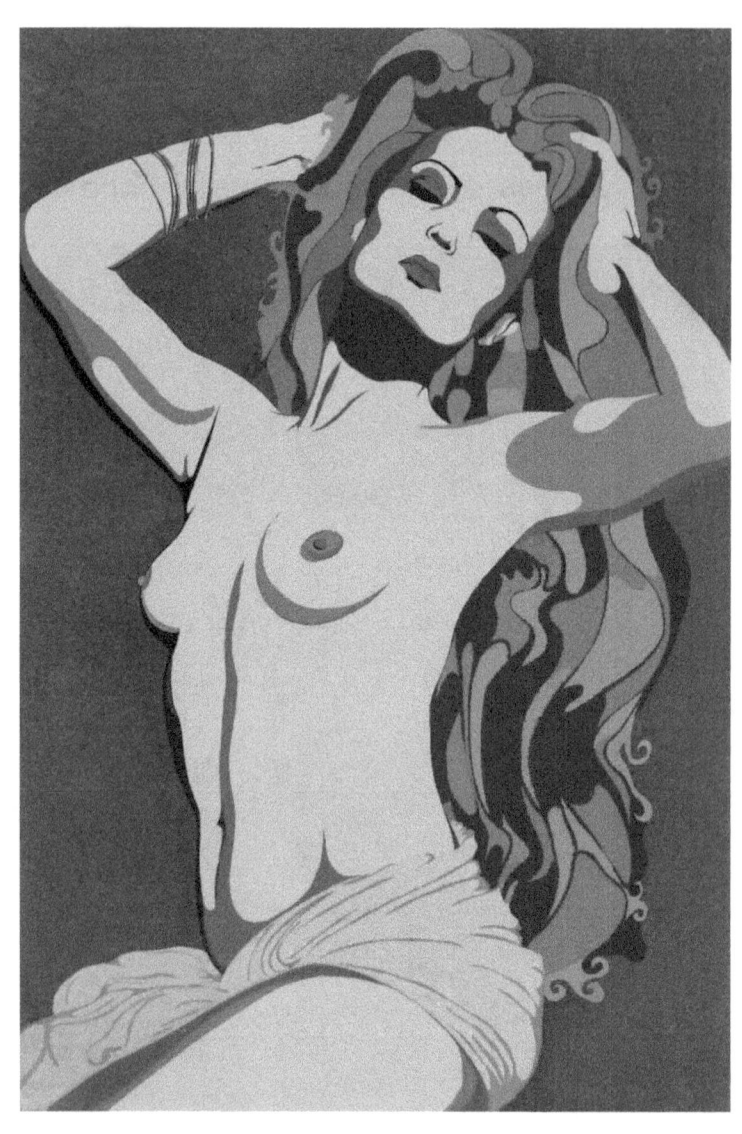

*María José/Adolfo Pérez*

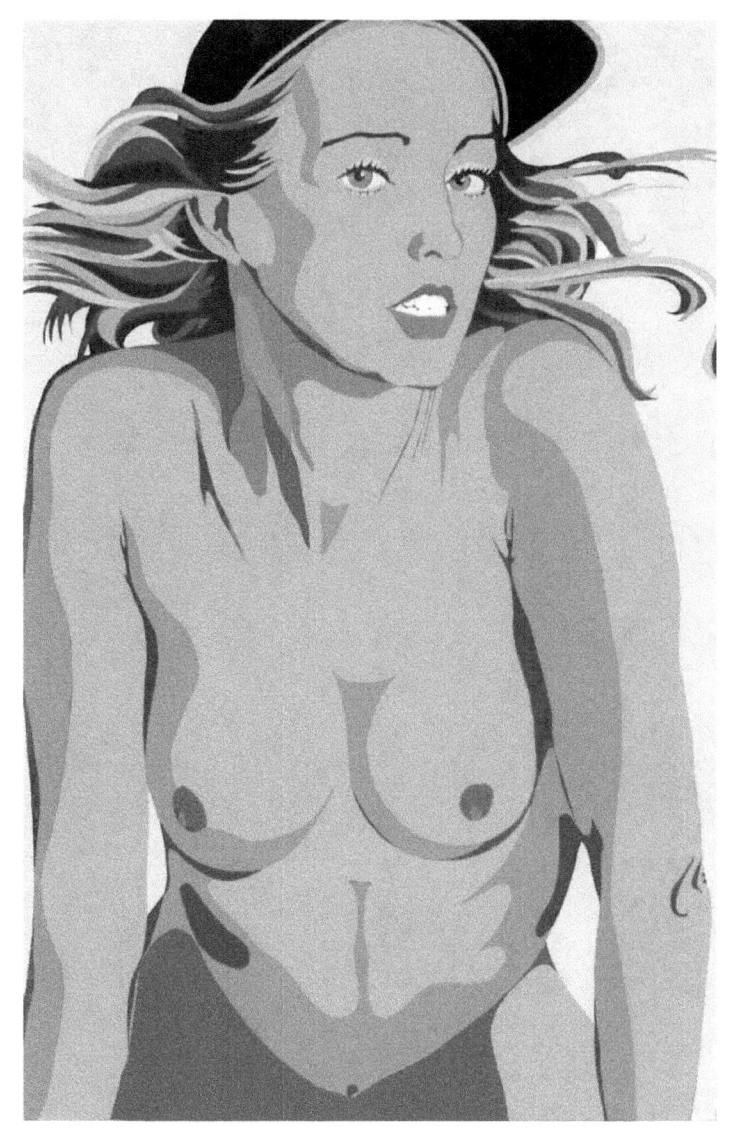

*Carmela/Adolfo Pérez*

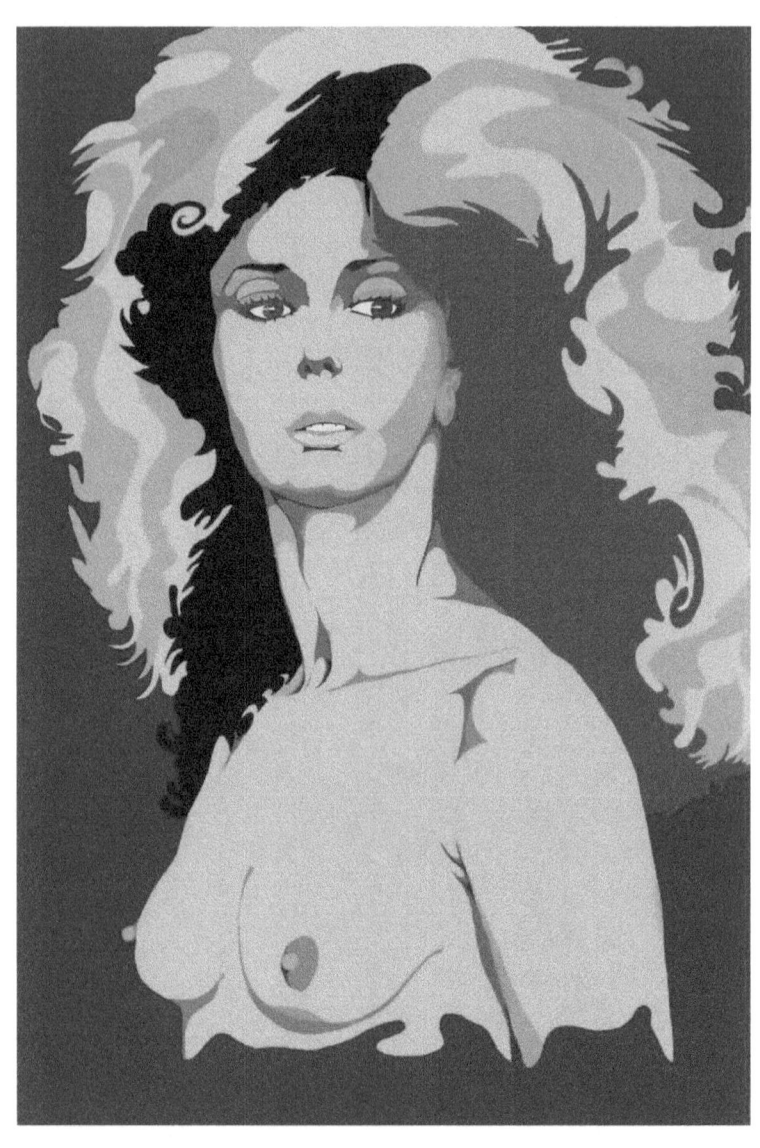

*Victoria/Adolfo Pérez*

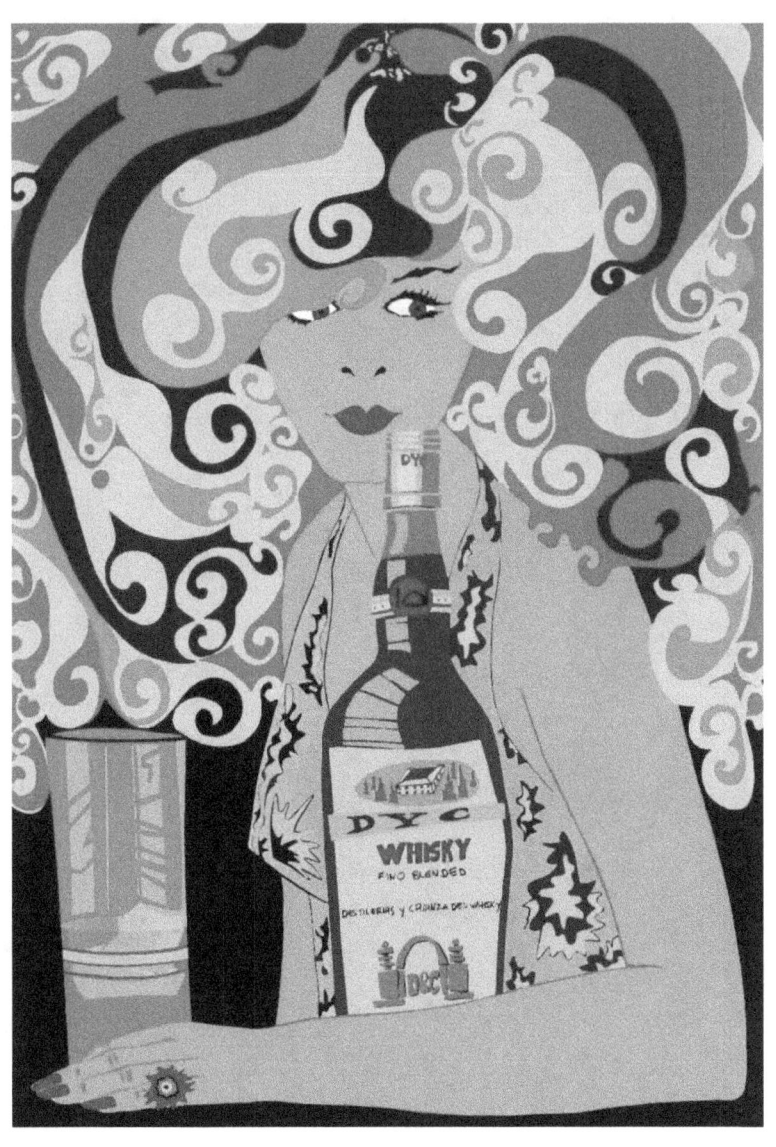

*Rosa María/Adolfo Pérez*

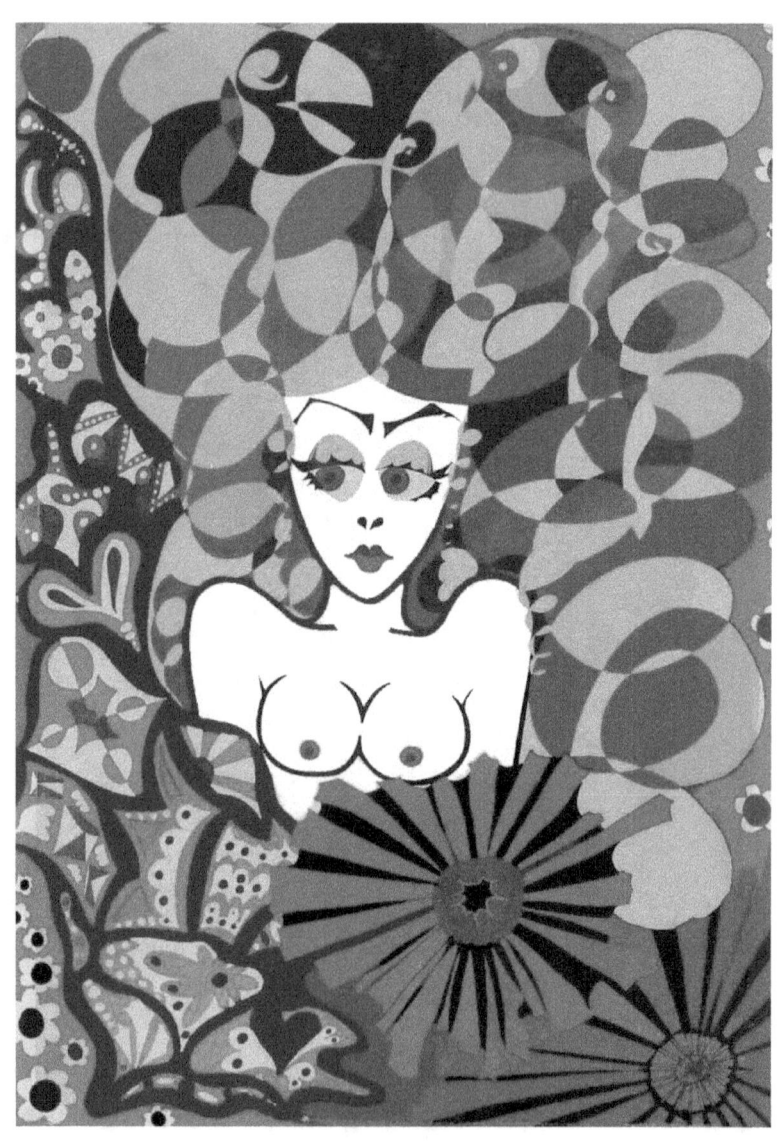

*Mari Cruz/Adolfo Pérez*

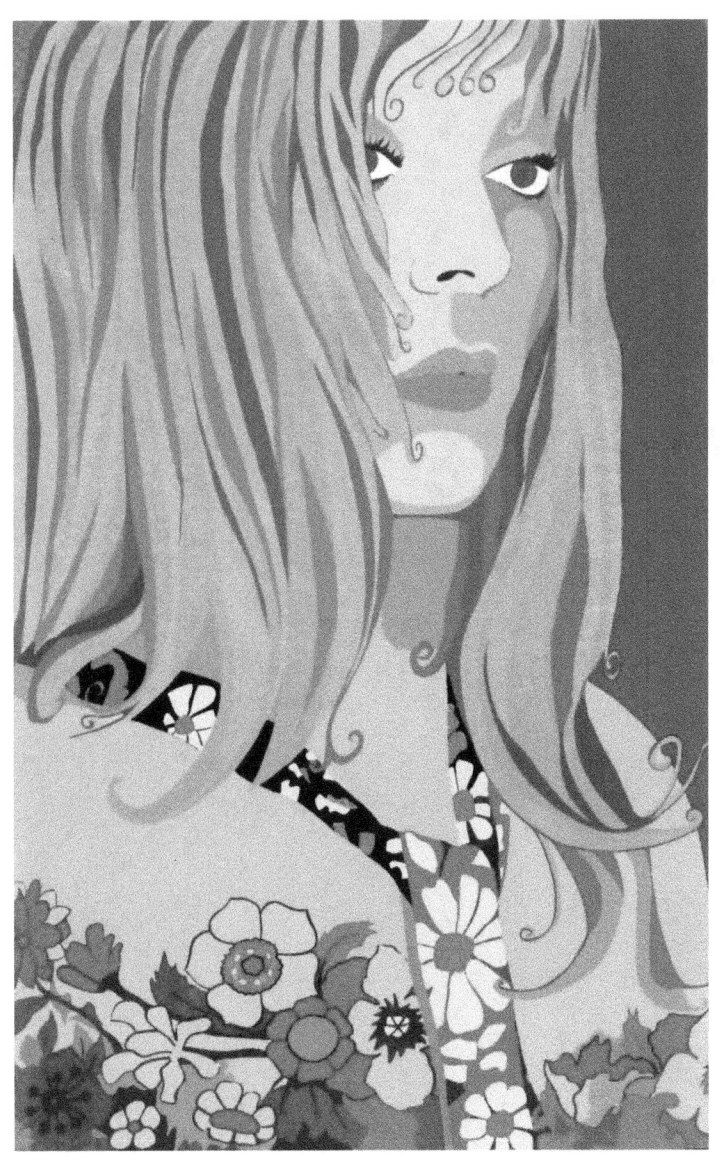

*Ana María/Adolfo Pérez*

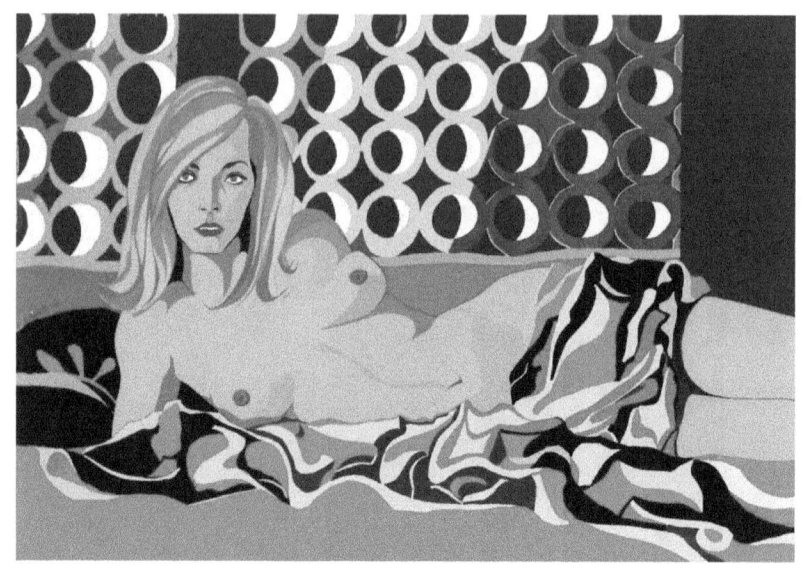

*Aída/Adolfo Pérez*